El Manual de Pronósticos y Planeación

CONTENIDO TEMÁTICO

1. PRESENTACIÓN DEL MANUAL (PÁG. 2)
2. INTRODUCCIÓN AL ANÁLISIS DE ESTADÍSTICA BÁSICA Y METODOLOGÍA ABC-XYZ (PÁG. 4)
3. USOS Y APLICACIONES DE LAS MEDIDAS DE PRECISIÓN DEL PRONÓSTICO (PÁG. 12)
4. MÉTODOS PARA PRONOSTICAR SERIES DE TIEMPO (PÁG. 25)
5. MODELOS DE ANÁLISIS DE REGRESIÓN SIMPLE Y MÚLTIPLE (PÁG. 44)
6. CÓMO CONSTRUIR UN PLAN DE DEMANDA (PAG. 59)
7. CÓMO CONSTRUIR EL PLAN DE VENTAS Y OPERACIONES (S&OP) (PÁG. 75)
8. CONCLUSIONES Y RECOMENDACIONES (PÁG. 93)
9. SOBRE EL AUTOR (PÁG. 96)
10. BIBLIOGRAFÍA (PÁG. 97)

1. PRESENTACIÓN DEL MANUAL.

Este documento tiene el firme propósito de convertirse en tu manual de apoyo, consulta y capacitación, si estás involucrado en el proceso de la generación de pronósticos, en el proceso de construcción de un Plan de Demanda (DP, por sus siglas en inglés) y/o en el Plan de Ventas y Operaciones (S&OP).

Contiene, además de la presentación y la conclusión, 6 temas técnicos, conceptuales y prácticos que, apoyados por elementos audiovisuales y ejercicios de aplicación, te proporcionarán las herramientas necesarias para mejorar tus procesos de planeación, y si no eres un planeador con alto nivel competitivo, convertirte en uno de ellos.

En el capítulo 2 conocerás las principales herramientas estadísticas de forma práctica y aplicada. Aprenderás la construcción de la matriz ABC-XZ que te ayudará en la segmentación de tus productos por volumen y por variabilidad. Además, dicho análisis, te proporcionará una mejor visión de tus productos o servicios que pueden ser pronosticables, los que deben tener algún tratamiento especial, los que debes eliminar de tu portafolio de productos, o bien los que debes dejar bajo pedido.

En el capítulo 3 aprenderás a utilizar e interpretar las fórmulas para medir la precisión de los pronósticos, así como recomendaciones para medir la efectividad del modelo de pronóstico durante el proceso de selección y después de él. Descubrirás que, en algunos casos, los modelos que mejor se ajustan a los datos históricos no son igual de efectivos al momento de pronosticar, las medidas de precisión más utilizadas, y en qué casos aplicar cada una de ellas, así como otros criterios para la medición de la efectividad de tus pronósticos.

En el capítulo 4 descubrirás las fórmulas y la aplicación práctica de tres de los mejores métodos de pronósticos para series de tiempo por medio de 5 pasos, así como su uso de acuerdo con el patrón de datos de la información histórica. Este procedimiento te ayudará a seleccionar un método de pronóstico para modelar tu historia y extrapolarla hacia al futuro. Aprenderás que la selección de un método deberá basarse en el análisis de los errores que genera cada uno de ellos, y los resultados de su aplicación.

En el capítulo 5 conocerás las herramientas para generar tu propio proceso de Planeación (planificación) de la Demanda, y los argumentos para considerarlo como un eslabón de competitividad que no debe faltar en tu empresa. Además, descubrirás que el objetivo principal de este proceso de negocio es nivelar y sincronizar las necesidades de los clientes con las capacidades de suministro de la empresa.

Finalmente, en el capítulo 6, los pasos que se describen te ayudarán diseñar y construir tu propio Plan de Ventas y Operaciones (S&OP), proceso de la cadena de suministro que te permitirá alinear tus recursos y capacidades para obtener el mejor rendimiento dentro de un horizonte táctico. El objetivo, en dicho proceso, será conciliar la demanda, los planes de nuevos productos, la producción y el suministro, tanto al nivel de producto como de familia y ligarlos con el plan de negocio de la organización.

En las conclusiones encontrarás un perfil del planeador actual, así como retos que, a la fecha de la publicación de este manual, estoy seguro te surgirán.

Y, por último, en capítulo 9, conocerás un poco de mi historia que me ha servido para la publicación de este manual.

2. INTRODUCCIÓN AL ANÁLISIS DE ESTADÍSTICA BÁSICA Y METODOLOGÍA ABC-XYZ.

Introducción

El primer paso en la generación de un pronóstico, en el proceso de planeación, es comprender cuáles son las principales herramientas estadísticas que deben ser el fundamento para entender la generación de ellos. Uno de los conceptos más utilizados en el mundo empresarial, es el cálculo del promedio. Es una fórmula tan simple, que el uso se ha generalizado en prácticamente todo el mundo. Pero ese valor puede tener una mejor interpretación si se acompaña de la varianza, la desviación estándar y/o el coeficiente de variación.

El objetivo en esta sección es conocer y aplicar esas herramientas estadísticas, y la metodología de clasificación ABC-XYZ, que te ayudarán a entender mejor el comportamiento de tu información. Dicho análisis te proporcionará una mejor visión de cuáles productos o servicios pueden ser pronosticables, aquellos que deben tener algún tratamiento especial, quitarlos de tu portafolio de productos, o bien dejarlos bajo pedido.

Conceptos básicos de Estadística

La estadística es la ciencia de recolectar, organizar, presentar, analizar e interpretar datos para ayudar a la toma de decisiones más efectiva. Es una disciplina, con carácter científico y/o tecnológico. Ha llegado a ocupar un amplio espectro en diversas esferas de la vida cotidiana, incluidas la cultura, el deporte, y en el mundo de los negocios.

En la actualidad, ha llegado a expandirse e incorporarse en la sociedad del conocimiento y el análisis de información.

Las técnicas son tan diversas, que es común dividirlas en dos grandes categorías: Estadística descriptiva y estadística inferencial. La primera trata sobre procedimientos que sirven para organizar y resumir conjuntos de datos numéricos de <u>manera informativa</u> (distribuciones de frecuencias y gráficas), y la inferencial describe un conjunto de métodos utilizados para <u>deducir o inferir algo</u> acerca de un conjunto de datos numéricos (población), seleccionando un número menor de ellos (muestra)

Dentro de las fórmulas estadísticas para obtener una medida de tendencia central, la más común es la del promedio aritmético. Existen otras como la media ponderada, la mediana y la moda, pero en este caso sólo haré referencia a la primera de ellas.

Debido a que, tanto la población como la muestra que se extrae de ella, poseen una media, existen dos fórmulas para el cálculo de ella.

Por lo regular, los valores de la población, también llamados parámetros, se identifican utilizando letras griegas. La fórmula para obtener la media de la población es:

$$\mu = \frac{\sum X}{N}$$

en donde:

$\sum X$ = la suma de todos los valores de la población

N = el tamaño de la población

El cálculo de la media de la muestra se obtiene utilizando la siguiente ecuación:

$$\overline{X} = \frac{\sum X}{n}$$

en donde:

ΣX = la suma de todos los valores de la muestra

n = el tamaño de la muestra

Estas dos fórmulas te ayudan a medir la tendencia central de tus datos, un valor que no tiene ningún significado si no conoces el grado de dispersión alrededor de ella. Para ello deberás obtener la desviación estándar en ambos casos. Este valor también se describe como la diferencia típica o estándar entre los valores de un grupo y su media. En las secciones siguiente conocerás la utilidad de dichos cálculos.

En la tabla 2.1 se describen las fórmulas de la media, la varianza, la desviación estándar y el coeficiente de variación de la población y la muestra.

	Población	Muestra
Media	$\mu = \dfrac{\Sigma X}{N}$	$\overline{X} = \dfrac{\Sigma X}{n}$
Varianza	$\sigma^2 = \dfrac{\Sigma(X-\mu)^2}{N}$	$\hat{\sigma}^2 = \dfrac{\Sigma(x-\overline{x})^2}{n-1}$
Desviación Estándar	$\sigma = \sqrt{\dfrac{\Sigma(X-\mu)^2}{N}}$	$\hat{\sigma} = \sqrt{\dfrac{\Sigma(x-\overline{x})^2}{n-1}}$
Coeficiente de Variación	$C.V. = \dfrac{\sigma}{\mu} * 100$	$C.V. = \dfrac{\hat{\sigma}}{\overline{x}} * 100$

Tabla 2.1. Fórmulas estadísticas básicas

En términos prácticos, el cálculo del valor de la varianza (σ^2) es sólo un artificio matemático para obtener la desviación estándar (σ) que será útil para el cálculo del coeficiente de variación (C.V.). Además, se observa en la fórmula de la varianza de la muestra, el denominador de n-1. Este valor, conocido como grados de libertad, se utiliza para indicar el número de elementos de datos que son libres de otros en el sentido que no pueden deducirse de ellos y, por tanto, son valores únicos de información.

Para entender mejor cada una de las fórmulas descritas, enseguida se muestra una tabla con los valores de las ventas de un producto durante cinco semanas:

Período	Ventas Xi	$x_i - \bar{x}$	$(x_i - \bar{x})^2$
1	16	(16 – 7.8)	(16 – 7.8)^2
2	8	(8 – 7.8)	(8 – 7.8)^2
3	6	-1.8	3.24
4	4	-3.8	14.44
5	5	-2.8	7.84
Σ	39	0	92.8

Tabla 2.2. Suma de diferencias elevadas al cuadrado

Promedio	= (39/5) = 7.8	$\bar{x} = \frac{\Sigma x}{n}$
Varianza	= [92.8/(5-1)] = 23.2	$\hat{\sigma}^2 = \frac{\Sigma(x - \bar{x})^2}{n-1}$
Desviación Std.	= (23.2)^0.5 = 4.816638	$\hat{\sigma} = \sqrt{\frac{\Sigma(x - \bar{x})^2}{n-1}}$
Coef. Variación (CoV)	= (4.81/7.8)*100 = 61.75%	$C.V. = \frac{\hat{\sigma}}{\bar{x}} * 100$

Tabla 2.3. Valores estadísticos de las ventas de 5 semanas

Cómo podrás observar, en la tabla 2.2, la suma de los valores de las diferencias respecto al promedio es igual a cero, por ello, y con ayuda de la matemática simple, se obtiene valor al cuadrado de dicha columna para evitar el cero. El promedio de 7.8 unidades tiene una varianza de 23.2, una desviación estándar de 4.81, y un coeficiente de variación del 61.75% descritos en la tabla 2.3

¿Cuál es la interpretación de estos resultados? ¿y cuál es la utilidad de cada uno de ellos? Con la información de la desviación estándar (σ) se puede inferir sobre la cantidad de ventas que tendrás el próximo mes, tomando en cuenta el valor del promedio de 7.8 unidades y la desviación de 4.81.

Por ejemplo, un pronóstico de ventas puede considerar ese promedio agregando 1, 2, o 3 veces la desviación estándar obtenida. En este sentido, si suponemos que el comportamiento de las ventas sigue una distribución normal, podemos calcular y proponer una cantidad máxima esperada para dicho pronóstico.

El coeficiente de variación (C.V.) es una medida estadística también muy útil que indica la variabilidad de la venta, pero en porcentaje, además, como se verá más adelante, se utilizará para generar la matriz ABC-XYZ

La matriz ABC-XYZ

Una variante del análisis ABC que se ha popularizado recientemente, es el análisis ABC-XYZ. Este análisis consiste en clasificar los artículos según las características de la demanda y el consumo de ellos. Aquellos con demanda elevada se identifican como tipo A, con demanda media; tipo B, mientras que los de bajo consumo; tipo C.

Por su parte, la clasificación XYZ es útil para identificar la regularidad del consumo. Grupo X con consumo regular, grupo Y con consumo poco regular, y los de manera irregular, grupo Z.

En esta clasificación, en la mayoría de los casos, se utiliza como criterio único del cálculo el coeficiente de variación (C.V.) de la demanda histórica.

En la tabla 2.4, se resume la estructura de clasificación de las dos formas de medición

Clasificación ABC	Volumen del total de artículos	Clasificación XYZ	CoV histórico
A	80%	X	<30%
B	15%	Y	>=30%<60%
C	5%	Z	>=60%

Tabla 2.4 Estructura de medición y clasificación para el ABC-XYZ

¿Cómo obtener el ABC-XYZ?

Para obtener la clasificación anterior, se describen los pasos necesarios para cada uno de ellos:

Para el ABC

1. Decide la cantidad de información histórica que utilizarás para obtener el ABC (3, 6 o 12 meses).

2. Obtén el total por cada sku o ítem y ordena de mayor a menor.

3. Obtén el valor acumulado de cada ítem en cantidad.

4. Obtén en valor acumulado de cada ítem en porcentaje.

5. Clasifica ABC (**A** hasta el 80%, **B** del 80% al 95% y **C** del 95% en adelante)

Para la clasificación XYZ

- "X" para los ítems que tengan el Coeficiente de Variación (C.V.) menor al 30%
- "Y" para los que tengan C.V. entre 30 y 60%
- "Z" para aquellos con C.V. mayor al 60%

Para el uso y aplicación de este cálculo podrás encontrar un video de apoyo en la siguiente dirección de YouTube: https://youtu.be/g8PjimsYk_U

¿Cuál es la utilidad de la clasificación ABC-XYZ?

Una de las aplicaciones del ABC-XYZ es la que se genera entre las dos estructuras de medición. Una matriz de 3x3 que identifica aquellos productos que pueden ser pronosticables, los que necesitan revisión entre los involucrados principales, y los que se recomienda dejar bajo pedido. En esta matriz también se puede identificar el tipo de consumo o ventas de los productos, y la demanda de ellos. En pocas palabras, dicha matriz te ayudará a enfocarte en lo importante y trabajar por excepciones.

En la figura 1.1 se describe la matriz de clasificación ABC-XYZ, y las recomendaciones para cada una de las celdas que se generan. En cualquier caso, la recomendación es que cada empresa pueda utilizarla de acuerdo con el comportamiento de sus productos y servicios. El valor que aparece en el extremo izquierdo de cada celda es un nivel de servicio sugerido por clasificación.

El Manual de Pronósticos y Planeación

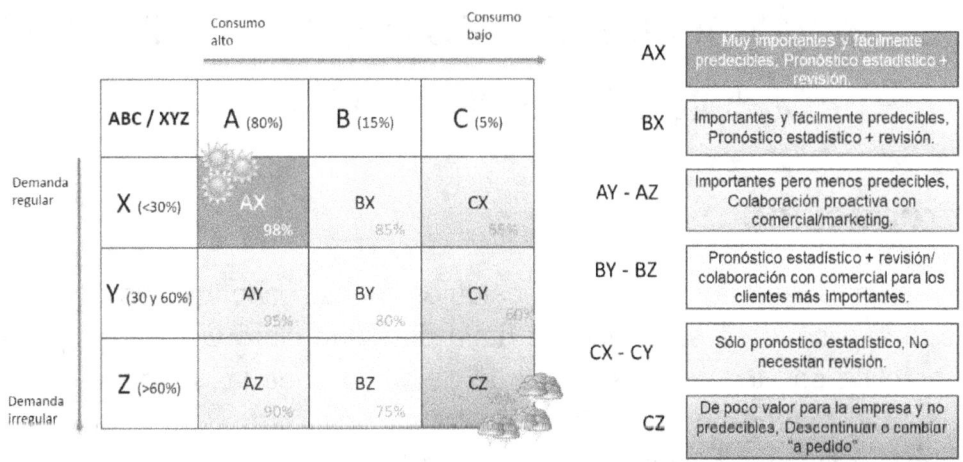

Figura 2.1 Matriz de clasificación ABC-XYZ

Conclusiones y recomendaciones

El resultado del análisis estadístico de las ventas (o consumos) de los productos y/o servicios de una empresa, es muy útil cuando se genera la matriz de clasificación ABC-XYZ. Dicha matriz ayuda a identificar aquellos productos que son más importantes para la empresa, y de manera general centrarse en aquellos que generan 80% del volumen total de ventas. No todos los artículos o productos pueden ser pronosticables, y esta clasificación es una herramienta importante para identificar esa característica.

Cualquier empresa puede aplicar esta metodología en su práctica de análisis y gestión de la información que genera, pero será necesario conocer la cantidad de referencias o artículos de su portafolio para que dicha práctica sea útil. Si una empresa sólo tiene 10 productos o menos, dicho ejercicio no será de utilidad.

3. USOS Y APLICACIONES DE LAS MEDIDAS DE PRECISIÓN DEL PRONÓSTICO

Introducción

Para entender las fórmulas y los cálculos de este capítulo, es necesario que lo explicado en el anterior te haya quedado claro y lo hayas puesto en práctica con tus propias bases de datos. Una de las razones es que, en la gran mayoría de artículos y libros especializados en el tema, y en algunas soluciones tecnológicas dedicadas al cálculo de pronósticos, podrás encontrar más de 15 fórmulas para medir la efectividad de ellos y todas con fundamento estadístico, por supuesto.

La selección de la más adecuada dependerá de muchos factores, y al final es posible que dispondrás de varios criterios de selección. En cualquier caso, tendrás más herramientas que te ayudarán a la evaluación del resultado de tus pronósticos. En esta sección se describen recomendaciones para medir la efectividad del modelo de pronóstico durante el proceso de selección y después de él.

El objetivo de ésta es exponer las principales herramientas de precisión de los pronósticos considerando tres interrogantes pertinentes en la evaluación del modelo.

1. ¿Los modelos que mejor se ajustan a los datos históricos son igual de efectivos al pronosticar?
2. ¿Cuántas medidas de precisión están disponibles y en qué casos aplicar cada una de ellas?
3. ¿Qué otros criterios existen para la selección de los modelos de pronóstico?

La medición del error del pronóstico

Una paradoja de las medidas de precisión es que un modelo (o técnica) que ajusta bien a los datos históricos, no necesariamente pronostica bien. Si esto se cumple, ¿para qué evaluar la precisión de un modelo de pronóstico en función de su capacidad de ajuste a los datos históricos?, o bien, ¿existen otras alternativas para evaluar un modelo en función de su capacidad de pronosticar?

Una de las alternativas, para probar lo anterior, es dividir la información en dos conjuntos. El primer conjunto lo denominaré datos de control y servirá para encontrar el mejor modelo de pronóstico. Y al segundo conjunto será etiquetado como datos de predicción, y no serán incluidos en el análisis inicial. La cuestión es ¿qué cantidad de datos tomar para cada conjunto de información?

Por ejemplo, si dispones de 4 años de información histórica divididos en forma mensual, puedes tomar los tres primeros años para los datos de control y el resto para los datos de predicción. O bien dejar los últimos 6 o 3 meses para esta última actividad. Existe una gran variedad de combinaciones que siempre estarán sujetas a las necesidades y resultados esperados de cada organización.

Para los datos de control, será necesario seleccionar el modelo de pronóstico que mejor ajusta a los datos históricos, pero ¿cuántas formas de medición existen? ¿todas tienen la misma funcionalidad? ¿el qué tiene menor error o el de mayor complejidad y variables? Se sabe que a medida que aumentan las variables en el modelo, el error puede disminuir. Con relación a los datos de predicción, ¿cómo determinar aquél que pronosticó mejor? O ¿qué medida utilizar para este fin? En las siguientes páginas expondré alternativas para solucionar estas interrogantes.

Para cada uno de los escenarios que generes será necesario medir el desempeño de ellos mediante indicadores de precisión. Es necesario definir un criterio para la precisión del pronóstico (datos de predicción) y otra para la selección del modelo (datos de control). No todos tendrán el mismo significado ni uso, pero ambos están basados en la siguiente fórmula general del error (e_t):

$$e_t = (Y_t - \hat{Y}_t)$$

Donde e_t es el error del pronóstico, Y_t el valor observado o real en el tiempo t de la serie de tiempo, y $\hat{Y}_t$ es igual al valor pronosticado en el tiempo t de la serie de tiempo.

El error también puede ser representado en términos relativos y/o absolutos (%) utilizando la siguiente formulación:

$$ea_t(\%) = \frac{|Y_t - \hat{Y}_t|}{Y_t} * 100$$

O bien expresarlo en forma cuadrática:

$$e_t^2 = (Y_t - \hat{Y}_t)^2$$

En la tabla 3.1 se muestran las medidas de error más utilizadas donde F_t es igual a $\hat{Y}_t$, notación utilizada para identificar el valor pronosticado.

Como podrás observar, en dicha tabla, existen más de 15 herramientas para medir el error del pronóstico, y su cantidad complica la selección de la medida de precisión más adecuada para el modelo de predicción. Por ejemplo, si seleccionas aquellas de errores absolutos en lugar de los cuadráticos, éstos penalizan en mayor medida los errores grandes. La elección dependerá de la importancia que se les dé a los grandes errores.

El coeficiente de desigualdad U de Theil, que no se muestra en la tabla, y que se detalla más adelante, presenta una solución para estos escenarios. Si el valor de U es cercano a cero, supone una predicción perfecta, lo cual es muy difícil que suceda.

Medida de error	Fórmula
MSE Mean Square Error	$Media\{e_t^2\}$
RMSE Root Mean Square Error	$\sqrt{MSE}$
MAE Mean Absolute Error	$Media\{|e_t|\}$
MdAE Median Absolute Error	$Mediana\{|e_t|\}$
MAPE Mean Absolute Percentage Error	$Media\{|p_t|\}$
MdAPE Median Absolute Percentage Error	$Mediana\{|p_t|\}$
sMAPE Symmetric Mean Absolute Percentage Error	$Media\left\{2 \cdot \dfrac{|Y_t - F_t|}{Y_t + F_t}\right\}$
sMdAPE Symmetric Median Absolute Percentage Error	$Mediana\left\{2 \cdot \dfrac{|Y_t - F_t|}{Y_t + F_t}\right\}$
MRAE Mean Relative Absolute Error	$Media\{|r_t|\}$
MdRAE Median Relative Absolute Error	$Mediana\{|r_t|\}$
GMRAE Geometric Mean Relative Absolute Error	$MediaG\{|r_t|\}$
RelMAE Relative Mean Absolute Error	MAE/MAE^*
RelRMSE Relative Root Mean Squared Error	$RMSE/RMSE^*$
LMR Log Mean Squared Error Ratio	$\log(RelRMSE)$
PB Percentage Better	$100 \cdot Media\{I\{r_t < 1\}\}$
PB(MAE) Percentage Better (MAE)	$100 \cdot Media\{I\{MAE < MAE^*\}\}$
PB(MSE) Percentage Better (MSE)	$100 \cdot Media\{I\{MSE < MSE^*\}\}$

Tabla 1 – Medidas de error de pronóstico. *Adaptado de De Gooijer y Hyndman (2005)*

Tabla 3.1 Medidas de precisión de los pronósticos

Una medida muy utilizada en la práctica de los pronosticadores es el MAPE, pero ésta presenta sesgos que favorecen a los pronósticos que están por debajo de los valores reales. Para evitar ese problema, puede utilizarse el sMAPE. Pero este indicador también tiene los propios, ya que tiene un comportamiento no deseado cuando el valor real o el pronóstico están muy cerca de cero.

Otra de las medidas para seleccionar el mejor modelo de pronóstico es el MSE o la RMSE, pero a pesar su efectividad probada, y aunque aparece en primer lugar en la Tabla 1, ésta no es muy utilizada entre los pronosticadores.

Con este breve antecedente, y la forma básica del error definida, enseguida encontrarás tres estructuras de medición del error que te ayudarán a tener una mayor claridad para saber cuál utilizar: a) Medidas de selección y b) Medidas de interpretación, y c) Medidas de precisión.

En esta división no se incluyen todas las que aparecen en la mencionada tabla, pero sí las más significativas que son producto de más de 20 años de experiencia en el tema en más de 400 empresas. Como siempre, la decisión final, de cuál utilizar, será tuya con base en la información que dispones y los datos de la empresa en la que participas.

1. Medidas de selección.

En la primera sección de este manual, se sugirió dividir la serie de tiempo de dos partes. Una la denominé datos de control, y la otra datos de predicción. En esta sección haré referencia a la primera, y con ella encontrar el mejor modelo de pronóstico que presente el mínimo error.

Las herramientas que nos ayudan a cumplir este objetivo son dos, el MSE y el RMSE que se describen a continuación:

MSE (Mean Square Error): Es el promedio de los cuadrados de las diferencias de cada artículo en el periodo t y se utiliza para comparar la precisión entre diferentes métodos o criterios de pronóstico. Según mi experiencia esta medida es una de las más recomendadas para seleccionar el mejor método de pronóstico.

$$MSE = \frac{\sum_{t=1}^{n}\left(Y_t - \hat{Y}_t\right)^2}{n}$$

RMSE (Root Mean Square Error): Esta medida es la raíz del promedio de los cuadrados del error de cada artículo en el periodo t y también se utiliza para comparar la precisión de diferentes métodos de pronóstico. La diferencia con la anterior es que el resultado está en las unidades originales de la información histórica.

$$RMSE = \sqrt{\frac{\sum_{t=1}^{n}\left(Y_t - \hat{Y}_t\right)^2}{n}}$$

2. **Medidas de Interpretación.**

MPE (Mean Percentage Error): Es la media del error porcentual. Es una métrica simple, que sirve para observar si el error del pronóstico tiene un sesgo (bias) positivo o negativo. Con en el resultado del cálculo, también se podrá mostrar si el pronóstico está subestimado o sobrestimado.

$$MPE = \frac{\sum_{t=1}^{n}\frac{\left(Y_t - \hat{Y}_t\right)}{Y_t}}{n}$$

Un pronóstico sobre estimado puede generar: exceso de inventario, sobre costos, rechazos por obsolescencia, costos por mermas, entre otros. Por el contrario, un pronóstico subestimado puede producir: reducción en los niveles de servicio, costo por pérdida de ventas, incremento en el costo por la reprocesamiento de órdenes, entre otros.

MAPE (Mean Absolute Percentage Error): Es la media de los errores porcentuales en valor absoluto, no considera el signo del error sólo la magnitud. El MAPE es una de las medidas más utilizadas a nivel mundial, pero no se recomienda para la selección de un método de pronóstico puesto que ésta presenta sesgos que favorece a los pronósticos que están por debajo de los valores reales.

$$MAPE = \frac{\sum_{t=1}^{n} \frac{|Y_t - \hat{Y}_t|}{Y_t}}{n}$$

WMAPE (Weighted Mean Absolute Percentage Error): Es el MAPE ponderado por el peso de las ventas, compras o servicios ofrecidos. Es un indicador muy recomendado ya que la ponderación del total minimiza los efectos de productos con grandes variaciones, pero con poco impacto en los valores reales. Pero presenta los mismos problemas que el MAPE.

$$WMAPE = \frac{\sum_{t=1}^{n} \frac{\left|Y_t - \hat{Y}_t\right|}{Y_t} * Y_t}{\sum Y_t}$$

3. Medida de Precisión

En esta sección se hace referencia a la segunda porción de información denominada datos de predicción, que se describe en el número 1 de este manual. Recuerda que es necesario probar que tan efectivo fue el modelo o los modelos seleccionados para pronosticar.

Enseguida podrás encontrar cuatro alternativas para evaluar la efectividad del modelo seleccionado para pronosticar tales como el FA (Forecast Accuracy), el coeficiente U de Theil, el AIC y el BIC. La selección dependerá siempre de los resultados esperados en la organización y de la experiencia del planeador.

FA (Forecast Accuracy)

La forma más común de medir la precisión de un pronóstico es comparar los resultados del pronóstico contra los valores reales del siguiente periodo. El objetivo es encontrar valores cercanos a 1 para emitir juicios favorables sobre el modelo de pronóstico seleccionado. La fórmula utilizada para este efecto es:

$$\boxed{FA \text{ (Forecast Accuracy)} = 1 - e_t a \, (\%)}$$

Aun cuando ésta es la una de las medidas más utilizada entre los pronosticadores, sólo se recomienda utilizarla en el corto plazo (no más de tres periodos) ya que existen otros criterios que te pueden ayudar a encontrar cuál modelo pronostica mejor a periodos más largos. Recuerda que si el modelo seleccionado se ajustó muy bien a los datos históricos no necesariamente será igual de efectivo al momento de pronosticar los siguientes periodos.

U de Theil

El coeficiente de desigualdad U de Theil es otra medida que permite analizar la efectividad del modelo seleccionado en la predicción. Recuerda que, las medidas de errores absolutos en lugar de los cuadráticos, suelen presentar sesgos, y éstos últimos penalizan en mayor medida los errores grandes. La elección dependerá de la importancia que se les dé a los grandes errores. El coeficiente de desigualdad U de Theil presenta una solución para estos escenarios. Si el valor de U es cercano a cero, supone una predicción perfecta. Su formulación está basada en la diferencia cuadrática que existe entre las tasas de crecimiento de la variable real y la estimada.

Este coeficiente se puede utilizar para evaluar la efectividad del pronóstico a mediano plazo

$$U_t = \sqrt{\frac{\sum_{t=1}^{n} e_t^2}{\sum_{t=1}^{n} (Y_t - Y_{t-1})^2}}$$

AIC (Akaike Information Criterion)

Esta herramienta penaliza la complejidad del modelo tomando en cuenta el número de variables y se utiliza para seleccionar el mejor modelo dentro del conjunto de los mismos datos. Los métodos de Box & Jenkins, que no se describen en la edición de este manual, tiene esta característica, ya que utilizan valores reales y anteriores de la variable independiente para producir pronósticos precisos a corto plazo. La solución dada por Akaike es elegir la función de pérdida (o criterio de especificación) el mínimo del criterio de información.

$$AIC = \sqrt{\frac{\sum_{t=1}^{n} e_t^2}{n} * exp\left(\frac{2*k}{n}\right)}$$

BIC (Bayesian Information Criterion)

El criterio BIC penaliza con mayor intensidad modelos más complejos y con mayor número de variables, por lo que se dice que es más consistente. Por el contrario, el criterio de Akaike es asintóticamente eficiente, ya que a medida que aumenta el número de variable su eficiencia para medir la efectividad de la precisión no mejora.

Dicha diferencia tiene que ver con la hipótesis de que la realidad es mucho más complicada que cualquier modelo considerado por lo que, al aumentar el número de observaciones también debe aumentarse el número de modelos en el conjunto considerado.

$$BIC = \sqrt{\frac{\sum_{t=1}^{n} e_t^2}{n} * n^{\frac{k}{n}}}$$

Tanto en el criterio AIC y el BIC, k son el número de variables del modelo, n el número de observaciones y e_t el error de pronóstico en el período t. Cuando se utilizan estos criterios, se selecciona el modelo que presenta el valor más pequeño.

Otros criterios de evaluación:

Si bien la precisión es una cualidad importante de un modelo de pronóstico, no es la única a considerar en la selección y evaluación de éste. Las características de la información como: 1) El tamaño o el horizonte de tiempo de los datos históricos, 2) el comportamiento de la información, y 3) el tipo de relación del pronóstico también deben considerarse en la elección.

El horizonte de tiempo limita la búsqueda del modelo. Algunos se utilizan para calcular pronósticos a corto plazo (de uno a tres meses), como los modelos de atenuación exponencial. Los modelos de descomposición y ARIMA de Box Jenkins son útiles para el mediano plazo, mientras que los econométricos funcionan bien a mediano y largo plazo.

El comportamiento de la información también es útil para limitar la búsqueda del modelo. Por ejemplo, si los datos históricos presentan estacionalidad no todos los modelos de pronóstico tienen esta funcionalidad. Winters o Box & Jenkins serían los más recomendables.

Por último, existen tres tipos de relaciones que limitan también esta búsqueda: 1) Si la serie es única y el pronóstico se obtiene a partir de su propio pasado, 2) Si la serie es no causal y el pronóstico se obtiene a partir de otras bases históricas, y 3) Si la serie es causal en donde los pronósticos son obtenidos a partir de otras variables que están relacionadas causalmente.

Conclusiones y recomendaciones

Como se expuso en esta sección, si estás buscando seleccionar el modelo que mejor ajusta a tus datos históricos, no uses el MAPE, ni el WMAPE estos son indicadores de interpretación relativos y tienden a presentar sesgos. El MSE o la RMSE presentan mejores resultados para dicho efecto.

Al seleccionar un modelo de pronósticos compara precisión contra pertinencia y no olvides el costo que esto representa. Recuerda que no siempre los modelos más complicados son más precisos que los más simples y por lo general menos costosos. Tal vez no poseas un criterio único para juzgar la selección de un modelo en ciertas situaciones, en cualquier caso, es necesario contar con varios de ellos y siempre dependerán de lo que se va a pronosticar y de la experiencia del pronosticador.

Dependiendo del uso que se le dé en la empresa a las predicciones a corto, a medio y a largo plazo, la importancia del horizonte de predicción debe ser tomada en cuenta a la hora de definir un criterio de selección de modelos. Es posible que sea más adecuado un modelo de pronóstico que tengo menor efectividad en el corto y mayor al mediando plazo y viceversa.

Para ver el cálculo en Excel de estas medidas de precisión, y para que puedas ponerlas en práctica, ingresa por favor a la siguiente liga de YouTube: https://youtu.be/zMVMvx4ugJ4 .

4. MÉTODOS PARA PRONOSTICAR INFORMACIÓN HISTÓRICA (SERIES DE TIEMPO).

Introducción

Lo expuesto en los capítulos 2 y 3, serán muy útiles para entender cómo se generan los pronósticos con series de tiempo, que es una forma de representar la información. Visualmente, es una línea de tendencia que evoluciona en el tiempo. Por ejemplo, las ventas o el consumo de un producto o servicio pueden representarse como una serie de tiempo.

Gráfica 4.1. Comportamiento de las ventas y el pronóstico proyectado

El pronóstico de las series de tiempo significa que proyectamos los valores históricos al futuro, donde aún no hay información disponible, como se puede observar en la gráfica 4.1. El pronóstico se realiza generalmente para optimizar áreas como los niveles de inventario en puntos de ventas o almacenes, la capacidad de producción o las necesidades de alguna materia prima o material de empaque.

También se pueden hacer pronósticos de productos financieros, necesidades de personal, crecimiento de una empresa, entre muchas otras aplicaciones.

Existen dos elementos principales que definen un pronóstico de serie de tiempo: El período, que representa el nivel de agregación: meses, semanas y días para el proceso de planeación. Y el horizonte, que representa la cantidad de períodos por adelantado que deben ser pronosticados.

Definida esta información, el siguiente paso es seleccionar un método de pronóstico para modelar patrones en los datos y extrapolar hacia el futuro. La selección del método deberá basarse en el análisis de los errores que genere cada método, y los resultados de su aplicación.

El objetivo de esta sección es describir la estructura y el cálculo de los principales métodos de pronóstico de series de tiempo, su aplicación y uso de acuerdo con el patrón de datos.

La estructura de los métodos

Para muchos de nosotros, los pronósticos formales constituyen un área técnica repleta de métodos estadísticos tortuosos y complejos, y tal vez esa sea la razón que la "gran herramienta" para obtenerlos sea la técnica de promedios. Promediamos prácticamente todo. Los últimos doce meses, los últimos seis, o los últimos tres y con ello obtenemos nuestro pronóstico. Esta última técnica puede generar buenos resultados si tu información no tuviera tanta variación, pero ese no es el mundo real.

Dentro de todos los métodos de pronósticos, los de atenuación exponencial pueden ayudar a pronosticar ese tipo de comportamientos. Dichos métodos revisan sistemáticamente los resultados del pronóstico con base en cada nueva observación real. Su base es la atenuación (o suavización) de valores anteriores de una serie, haciéndolo de forma decreciente o exponencial. Las observaciones se ponderan, asignando mayor peso a las más recientes de acuerdo con el comportamiento de la serie de tiempo.

La estructura general del método, mediante el cual se efectúa este ajuste, tiene la siguiente forma:

Nuevo Pronóstico = Viejo pronóstico + Peso del error *error

El error se obtiene restando el valor real menos el valor pronosticado, y el peso, o porcentaje del error, está comprendido entre cero y uno. A este último, en uno de los métodos que se explican en este apartado, se le denomina "alfa" o constante de atenuación o suavización exponencial.

Para demostrar cómo funciona esta técnica considera el siguiente ejemplo. El gerente de un establecimiento de venta de zapatos de dama estimó que en cierta semana vendería 45 pares de cierto modelo y color. Además, decidió tener una reserva adicional o inventario de seguridad de 10 pares de zapatos. Si durante esa semana se vendieron 50 pares y el valor de "alfa" es de 0.20, ¿cuál sería el pronóstico para la próxima semana?

Nuevo Pronóstico = 45 + (0.20)*(50-45) = 46

Observa que debido a que el pronóstico fue bajo, la operación de atenuación exponencial elevó su valor. Si la estimación de esa semana hubiera sido de 60 pares y los productos vendidos fueran los mismos 50, entonces el resultado del pronóstico para la siguiente semana sería:

Nuevo Pronóstico = 60 + (0.20) *(50-60) = 58

Como se ha mostrado, la técnica es simple de aplicar, pero estoy seguro de que la gran duda que te surgió en este procedimiento es cómo determinar el valor de "alfa". O en otras palabras cuál es el valor "óptimo" de "alfa" que minimiza el error del pronóstico.

También es necesario considerar el comportamiento de la serie de tiempo, si es éste es estacionario, tiene tendencia o estacionalidad. Los métodos más utilizados y sus características se describen en la tabla 4.1.

Método de proyección	Cantidad de datos históricos	Patrón de los datos	Horizonte de proyección	Tiempo de preparación	Nivel de sofisticación
Atenuación exponencial simple (AES)	2 a 5 observaciones para fijar la ponderación	Datos estacionarios	Corto	Corto	Poca
Atenuación exponencial doble (AED Holt)	8 a 15 observaciones para fijar las ponderaciones	Tendencia, pero no estacionalidad	Corto a mediano	Corto	Ligera
Atenuación Exponencial Triple (AET Winters)	Por lo menos tres estaciones	Tendencia y estacionalidad	Corto a mediano	Corto	Moderada

Tabla 4.1 Principales métodos de atenuación exponencial

Como se puede observar en la tabla 4.2, dichos pesos o valores de ponderación dependen del comportamiento o patrón de los datos. Por ejemplo, si éste es estacionario, tiene tendencia, estacionalidad, o presenta las tres características.

Una de las grandes ventajas del uso de estos métodos se describe en dicha tabla en la columna de "Aplicaciones"

Método	Comportamiento histórico	Parámetros de atenuación o suavización	Aplicaciones
Atenuación Exponencial Simple (AES)	Horizontal o estacionaria	α	• Son relativamente simples de entender porque modelan componentes de la serie como la tendencia y la estacionalidad. • Pueden ser completamente automatizados para sistemas de planeación de ventas, control de inventarios o de producción. • Son frecuentemente tan exactos como los métodos más complejos, como ha sido documentado en los resultados de las competencias de pronósticos. • Puede ser implantado en series relativamente cortas, especialmente para datos no estacionales
Atenuación Exponencial Doble (AED Holt)	Tendencia, pero no estacionalidad	α y β	
Atenuación Exponencial Triple (AET Winters)	Tendencia, y estacionalidad	α, β y γ	

Tabla 4.2 Principales métodos de atenuación exponencial

Los 3 métodos y sus fórmulas (con 5 pasos)

Cada uno de los métodos descritos en las tablas 4.1 y 4.2 se sugiere utilizarlos de acuerdo con el comportamiento del patrón de datos, y en cada caso los parámetros de ponderación serán diferentes.

Para explicar estas metodologías de análisis, se describen cada una de las fórmulas, y 5 pasos para cada método que te ayudarán para aplicarlos en la práctica, y por supuesto, para obtener ese valor "óptimo".

Atenuación Exponencial Simple (AES)

Fórmula principal:

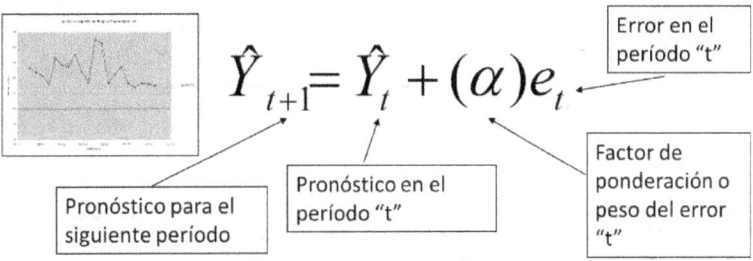

$$\hat{Y}_{t+1} = \hat{Y}_t + (\alpha)e_t$$

- Pronóstico para el siguiente período
- Pronóstico en el período "t"
- Factor de ponderación o peso del error "t"
- Error en el período "t"

Descripción general de la fórmula. En la fórmula se observa que sólo se puede generar un pronóstico para el periodo t+1, y para generarlo es necesario tener un pronóstico anterior del tiempo "t" y haber definido el valor del "α". Recuerda que este valor es un peso o ponderación entre cero y uno, sin incluirlos. Si el valor está cercano al "0", el peso del error será mínimo, y si está cercano a "1", la fórmula le dará mayor peso a éste.

Enseguida se describen los 5 pasos para entender mejor el método y su aplicación.

Paso 1. Selecciona una base de datos. Obtén información de las ventas, por ejemplo, de los últimos 6 meses de alguno de tus productos con mayor volumen de ventas o selecciónalos del análisis ABC-XYZ que realizaste, y colócalos en una hoja de Excel o en una simple hoja en blanco. El procedimiento aplica para 6 meses o más, en este ejemplo se decidió por esa cantidad de información para fines de la explicación.

Paso 2. Define tu primer pronóstico. El pronóstico inicial es el valor del primer mes de venta, y éste deberás colocarlo como pronóstico del segundo mes. El valor te servirá para obtener el error del pronóstico, tal y como se muestra en la Tabla 4.3.

Mes	Venta	Pronóstico	Error
1	40		
2	30	40	= (30-40) = -10

Tabla 4.3. El primer pronóstico y el error

Paso 3. Elige un peso o fracción del error. Selecciona un valor para "alfa", un valor muy alto supone alta variación en tus ventas y uno muy bajo poca variación. En cualquier caso, y como lo expondré más adelante, el valor "óptimo" lo determinará el mínimo error. En este caso y para explicar el ejemplo usaré un valor de "alfa" de 0.20.

Mes	Venta	Pronóstico	Error
1	40		
2	30	40	= (30-40) = -10
3		= 40 + (0.2)*(30-40) = 38	

Tabla 4.4. El valor de alfa y el pronóstico

Observa, en la Tabla 4.4, que el valor de 0.20 se utilizó para darle un peso al error y obtener el pronóstico para el siguiente mes. Este deberá permanecer constante a lo largo de todo el cálculo, por eso el nombre de "constante de atenuación exponencial". El proceso de atenuación asigna la estimación mayor a la observación más reciente de la demanda y valores exponenciales decrecientes a las observaciones históricas más antiguas. Esta ponderación o peso exponencial es la razón del nombre de atenuación exponencial.

Paso 4. Mide los resultados de tus pronósticos. El siguiente paso es medir la precisión de cada uno de los pronósticos generados por mes y determinar la efectividad del valor del "alfa" propuesto. Para ello, y sólo como ejemplo, utilizaré el MAPE (Mean Absolute Percentage Error), valor que se calcula con la media de los errores porcentuales en valor absoluto y no considera el signo sino sólo la magnitud.

En la Tabla 4.5 podrás observar una nueva columna con el valor del error absoluto dividido entre el valor real. Se describe el cálculo para cada uno de los meses y el valor promedio de ese error. Al final, éste te servirá para saber si el valor de "alfa" que seleccionaste fue el que mostró un error mínimo. Para ello será necesario generar este procedimiento con varios valores de "alfa", y el mejor será aquel que muestre un error mínimo promedio o mínimo MAPE.

Mes	Venta	Pronóstico	Error	Error Abs/Venta
1	40			
2	30	40	-10	|-10|/30 = 0.33
3	50	38	12	0.24
4	40	40.4	-0.4	0.01
5	60	40.32	19.68	0.33
6	45	44.256	0.744	0.02
Pronóstico mes 7		44.405	Promedio de error	0.19

Tabla 4.5. Cálculo del MAPE

Paso 5. Encuentra tu valor de "alfa", genera tu pronóstico y toma una decisión. Como lo describí en el paso 4, el procedimiento finaliza cuando el valor de "alfa" sugerido logra minimizar el valor promedio de los errores o MAPE. Y si suponemos que el valor de "alfa" usado para el cálculo de 0.20 fue el que generó el mínimo error, entonces el resultado final sería:

Pronóstico mes 7 = 44.40 unidades con un MAPE o porcentaje de error de 19%.

El procedimiento para encontrar valor "óptimo", si deseas realizarlo en forma manual, te llevaría un par de días o más, pero no te preocupes que en el archivo de **"Los 7 métodos de pronósticos en Excel",** que podrás acceder en la siguiente liga, https://www.dropbox.com/scl/fi/kdf9az8v0ywdkipqjr134/Los-7-m-todos-de-pron-sticos-en-Excel.xls?dl=0&rlkey=icua1ol0vnbjjboht06rf7l49) te ayudará a realizar los cálculo necesarios para encontrar dicho valor. Por ejemplo, si seleccionas el método de AES, sólo deberás cambiar el valor de "alfa" y observar el valor del RMSE o del MAPE cuando éste sea mínimo.

Además, podrás ver el efecto de tus cambios en la gráfica del AES que contiene una base de datos con un poco más amplia. Como lo describí al principio de este paso, el pronóstico que deberás utilizar para el siguiente mes es aquel que tengo un valor mínimo de MAPE o RMSE.

➢ Atenuación Exponencial Doble de Holt (AEDH)

Fórmulas principales:

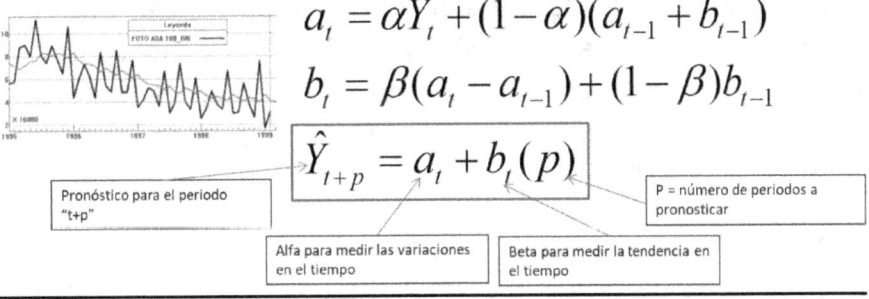

$$a_t = \alpha Y_t + (1-\alpha)(a_{t-1} + b_{t-1})$$
$$b_t = \beta(a_t - a_{t-1}) + (1-\beta)b_{t-1}$$
$$\hat{Y}_{t+p} = a_t + b_t(p)$$

- Pronóstico para el periodo "t+p"
- Alfa para medir las variaciones en el tiempo
- Beta para medir la tendencia en el tiempo
- P = número de periodos a pronosticar

Descripción general de la fórmula. El método de dos parámetros (α y β) de Holt, se utiliza cuando la serie de tiempo presenta una tendencia lineal. Esta técnica atenúa (o suaviza) en forma directa la variación y la tendencia empleando diferentes constantes de atenuación para cada una de ellas. En la fórmula del recuadro se observa la ecuación lineal que permite generar un pronóstico para el periodo t+p, en dónde "p" es el número de periodos a pronosticar. Para generarlo es necesario actualizar los valores del intercepto "a_t" y de la pendiente "b_t", y haber definido los pesos de "α" y "β" que minimicen el RMSE. Enseguida se describen 5 pasos para entender mejor el método y su aplicación.

Paso 1. Selecciona una base de datos. Obtén información de tus ventas, por ejemplo, de los últimos 5 meses de algunos de tus productos con mayores ventas y colócalos en una hoja de Excel. El procedimiento aplica para 5 meses o más, en este ejemplo se decidió por esa cantidad de información para fines de la explicación. Recuerda que esta metodología se recomienda si los datos presentan tendencia.

Paso 2. Define tu primer pronóstico. El pronóstico inicial es la ecuación de la tendencia inicial. El valor del primer mes deberás colocarlo como valor inicial de "a_t" de ese mismo mes, y la pendiente "b_t" tendrá un valor de cero. Dichos valores se utilizarán para obtener los siguientes para cada tiempo "t", en conjunto con la definición de los pesos de "α" y "β", como se muestra en la Tabla 4.6.

Paso 3. Definición del peso de los parámetros, y cálculos iniciales. Para iniciar el cálculo, es necesario definir un valor para "alfa" y "beta", valores muy altos supone alta variación y tendencia en las ventas, y viceversa. En cualquier caso, el valor "óptimo" lo determinará el mínimo RMSE. En este caso y para explicar el ejemplo se usará un valor de "alfa" de 0.40, y para "beta" de 0.8

Los valores iniciales para el cálculo del pronóstico se describen en las siguientes tres tablas. En la tabla 4.6 se muestra el procedimiento para el cálculo inicial de la tendencia con línea punteada, y el cálculo de la actualización del valor de a_2 se muestra en un recuadro con línea continua. Tomando en cuenta un valor de a = 0.4 el resultado es de 3.4.

t	Venta Y_t	Intercepto a_t	Pendiente b_t	Pronóstico
1	3	3	0	
2	4	3.4		
3	7			
4	8			
5	10			
6				

$a_2 = (0.4)*4 + (1$

El valor de la ecuación se pondera (1 –

Este valor se pondera con el valor de α

Tabla 4.6. Ecuación inicial y cálculo de la actualización del intercepto.

En la tabla 4.7 se describe el cálculo de la actualización de b_2 considerando un valor de b = 0.8, el resultado es de 0.32.

t	Venta Y_t	Intercepto a_t	Pendiente b_t	Pronóstico
1	3	3	0	
2	4	3.4	0.32	
3				
4				
5				
6				

El valor de la pendiente se pondera con (1 – β)

El cambio en el intercepto se pondera con β

$b_2 = (0.8)*(3.4- 3) + (1 - 0.8)*(0)$

Tabla 4.7. Cálculo de la actualización de la pendiente.

En la tabla 4.8, se describen los resultados del cálculo del pronóstico de cada periodo "t+p", y al final los valores pronosticados de los periodos "5+1", "5+2" y "5+3" tomando en cuenta valores de "alfa" y "beta" antes descritos. En este método, el propósito es obtener la combinación de dichos parámetros o factores de ponderación que minimicen el RMSE.

Para observar el comportamiento de los diferentes factores, en el archivo **"Los 7 métodos de pronósticos en Excel"**, se puede seleccionar dicha técnica para modificarlos y encontrar el valor mínimo del error.

t	Venta Y_t	Intercepto a_t	Pendiente b_t	Pronóstico
1	3	3	0	
2	4	3.4	0.32	
3	7	5.03	1.37	$\hat{Y}_{2+1} = 3.4 + 0.32(1) = 3.7$
4	8	7.04	1.88	$\hat{Y}_{3+1} = 5.03 + 1.37(1) = 6.4$
5	10	9.35	2.23	$\hat{Y}_{4+1} = 7.04 + 1.88(1) = 8.9$
6				$\hat{Y}_{5+1} = 9.35 + 2.23(1) = 11.5$
7				$\hat{Y}_{5+2} = 9.35 + 2.23(2) = 13.8$
8				$\hat{Y}_{5+3} = 9.35 + 2.23(3) = 16.0$

Tabla 4.8. Cálculo del pronóstico para cada periodo "t+p"

Paso 4. Mide los resultados de tus pronósticos. El siguiente paso es medir la precisión de cada uno de los pronósticos generados por cada periodo y determinar la efectividad del valor de "alfa" y "beta" propuestos. En este caso no se muestra el cálculo y el comparativo de errores, los cuales los podrás realizar en el archivo de los **"Los 7 métodos de pronósticos en Excel"**, y se hará énfasis en el RMSE, el MAPE y el MPE

Paso 5. Encuentra el valor de "alfa" y de "beta", genera tus pronósticos y toma una decisión. Como lo describí en el paso 4, el procedimiento finaliza cuando la combinación de "alfa" y "beta" logran minimizar el RMSE o el MAPE. En el archivo de **"Los 7 métodos de pronósticos en Excel"** https://www.dropbox.com/scl/fi/kdf9az8v0ywdkipqjr134/Los-7-m-todos-de-pron-sticos-en-Excel.xls?dl=0&rlkey=icua1ol0vnbjjboht06rf7l49, si eliges el método de HOLT, sólo será necesario cambiar los valores de "alfa" y "beta" y observar el valor del RMSE cuando éste sea mínimo. Además, podrás ver el efecto de sus cambios en el gráfico de HOLT.

> **Atenuación Exponencial Triple (AET) o Winters**

Fórmulas principales:

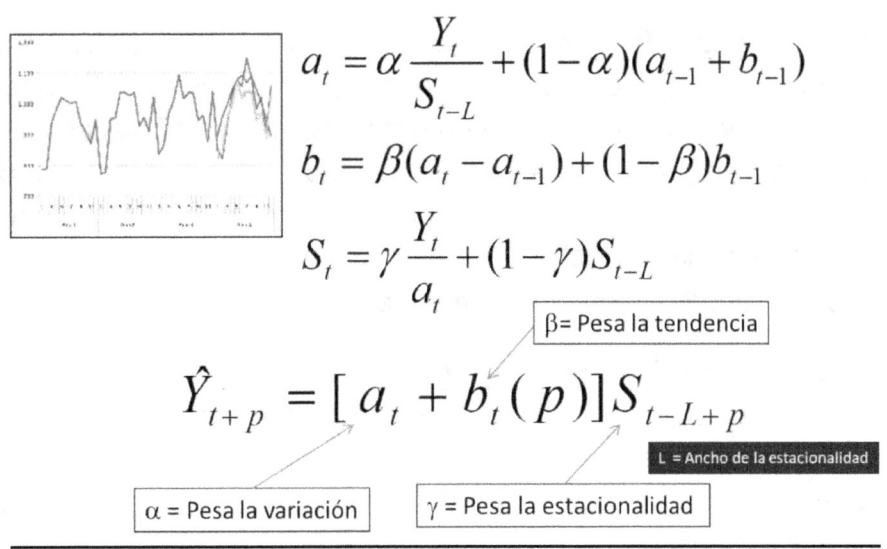

$$a_t = \alpha \frac{Y_t}{S_{t-L}} + (1-\alpha)(a_{t-1} + b_{t-1})$$

$$b_t = \beta(a_t - a_{t-1}) + (1-\beta)b_{t-1}$$

$$S_t = \gamma \frac{Y_t}{a_t} + (1-\gamma)S_{t-L}$$

$$\hat{Y}_{t+p} = [a_t + b_t(p)]S_{t-L+p}$$

α = Pesa la variación
β = Pesa la tendencia
γ = Pesa la estacionalidad
L = Ancho de la estacionalidad

Descripción general de la fórmula. El método de tres parámetros (α, β y γ) de Winters, es una extensión del método de HOLT. La diferencia es que se agrega una fórmula y ecuación adicional (St) para calcular la estacionalidad o factor estacional, y para el cálculo del pronóstico el resultado se multiplica por la ecuación lineal. Un elemento adicional es el valor de "L" que es necesario definir para determinar el ancho de la estacionalidad. Enseguida se describe el procedimiento de los 5 pasos para entender mejor el método y su aplicación.

Paso 1. Selecciona una base de datos. Obtén información de las ventas, por ejemplo, de los últimos 8 meses de algunos de tus productos con mayores ventas y colócalos en una hoja de Excel. El procedimiento aplica para 8 meses o más, pero es necesario que la serie tenga al menos dos periodos con estacionalidades identificadas. En este ejemplo se decidió por esa cantidad de información para fines de la explicación. Recuerda que esta metodología se recomienda si los datos presentan variación, tendencia y estacionalidad.

Paso 2. Define tu primer pronóstico. El pronóstico inicial, como en el método de HOLT, es la ecuación de la tendencia inicial. El valor del primer mes deberás colocarlo como valor inicial de "a_t" de ese mismo mes, la pendiente "b_t" tendrá un valor de cero, y el del factor estacional "S_t" tendrá un valor de 1. Dichos valores se utilizarán para obtener los siguientes para cada tiempo "t", en conjunto con la definición de los pesos de "α", "β" y "γ", como se muestra en la Tabla 4.9.

Paso 3. Definición del peso de los parámetros, y cálculos iniciales.
Para iniciar el cálculo, es necesario definir un valor para "alfa", "beta" y "gama"; valores muy altos suponen alta variación, marcada tendencia y estacionalidad, y viceversa. En cualquier caso, el valor "óptimo" lo determinará el mínimo RMSE. En este caso, y para explicar el ejemplo, se usa un valor de "alfa" de 0.1, para "beta" de 0.2, y para "gama" de 0.3

El cálculo de la cada ecuación del pronóstico se describe en la tabla 4.9. Se muestra el procedimiento para el cálculo inicial de la tendencia y el factor estacional con línea punteada, y el cálculo de la actualización del cada uno de los elementos de la ecuación de pronóstico con los valores de "alfa", "beta" y "gama" definidos con anterioridad.

t	Venta Yt	Intercepto At	Pendiente bt	Factor estacional bt	Pronóstico $\hat{Y}_t$
1	3	3	0	1	
2	2	2.9	-0.02	0.906	
3					
4					
5					
6	3				
7	7				
8	10				

$$a_2 = (0.1)(\frac{Y_2}{S_{2-4}}) + (1 - 0.1)(a_{2-1} + b_2)$$

$$\frac{2}{\_) + (0.9)(3 + 0)}$$

$$S_2 = (\gamma)(\frac{Y_2}{a_2}) + (1 - \gamma)(S_{2-4})$$

$$\frac{2}{\_)}$$

$$b_2 = (0.2)(a_2 - a_{2-1}) + (1 - 0.2)(b_{2-1}) = (0.2)(2.9 - 3) + (0.8)(0) = \mathbf{-0.02}$$

Valores iniciales

Tabla 4.9. Ecuación inicial y cálculo de la actualización de los valores de la ecuación.

En la tabla 4.10, se describe el procedimiento y los resultados del cálculo del pronóstico del periodo "2+1". De esta forma, el cálculo de los siguientes periodos se realiza en forma similar.

t	Venta Yt	Intercepto at	Pendiente bt	Factor estacional bt	Pronóstico $\hat{Y}_t$
1	3	3	0	1	
2	2	2.9	-0.02	0.906	
3	6	$\hat{Y}_{2+1} = [a_2 + b_2(1)](S_{2-4+1}) = [2.9 +(-0.02)(1)](1)$			2.88
4	8				

Valores iniciales

Tabla 4.10. Cálculo del pronóstico para el periodo "2+1"

En la tabla 4.11, se describe el cálculo de cada uno de elementos que forman parte de la ecuación de pronóstico del método de Winters. También se resaltan en otro color, los valores de los factores estacionales finales, y la ecuación de pronóstico que se utilizará para generar los pronósticos de los siguientes 4 periodos. En este caso el valor de "L" es igual a 4

t	Venta Yt	Intercepto at	Pendiente bt	Factor estacional St	Pronóstico
1	3	3	0	1	
2	2	2.9	-0.02	0.906	3
3	6	3.192	0.0424	1.263	2.88
4	8	3.7109	0.1377	1.346	3.2344
5	4	3.8638	0.1407	1.010	3.8486
6	3	3.9348	0.1268	0.863	3.63170
7	7	4.2093	0.1563	1.383	5.1336
8	10	4.6716	0.2175	1.584	5.8794
9					4.9409
10					4.4099
11					7.3667
12					8.7831

Mes 9 = [4.67 + 0.21*(1)]*1.01 = 4.94
Mes 10 = [4.67 + 0.21*(2)]*0.86 = 4.40
Mes 11 = [4.67 + 0.21*(3)]*1.38 = 7.36
Mes 12 = [4.67 + 0.21*(4)]*1.58 = 8.73

Tabla 4.11. Factores estacionales, y cálculo de los pronósticos para el periodo "t+p"

Paso 4. Mide los resultados de tus pronósticos. El siguiente paso es medir la precisión de cada uno de los pronósticos generados por cada periodo y determinar la efectividad del valor de "alfa", "beta" y "gama" propuestos. En este caso no se muestra el cálculo y el comparativo de errores, los cuales se realizarán en el archivo de los **"Los 7 métodos de pronósticos en Excel"**, y se hará énfasis en el RMSE, el MAPE y el MPE

Paso 5. Encuentra el valor de "alfa", "beta", y "gama" genera tus pronósticos y toma una decisión. Como se describió en el paso 4, el procedimiento finaliza cuando la combinación de "alfa", "beta" y "gama" logran minimizar el RMSE o el MAPE. En el archivo de **"Los 7 métodos de pronósticos en Excel"** https://www.dropbox.com/scl/fi/kdf9az8v0ywdkipqjr134/Los-7-m-todos-de-pron-sticos-en-Excel.xls?dl=0&rlkey=icua1ol0vnbjjboht06rf7l49, si seleccionas el método de WINTERS, sólo será necesario cambiar los valores de "alfa", "beta" y "gama" y observar el valor del RMSE cuando éste sea mínimo. Además, podrás ver el efecto de tus cambios en una gráfica (Gráfico WINTERS) de una base de datos más amplia.

Nota importante. Como apoyo adicional en la siguiente liga podrás ver un laboratorio de pronósticos que te ayudará utilizar el archivo de "Los 7 métodos de pronósticos en Excel"

https://us02web.zoom.us/rec/share/XzOVHC29R0C4wtAH8BoWgl_4vgyTuiPJwPL6EkKI8G98Gsl1F8yaBFe_9OyOt3bq.GmdpW0C3WNUyDGry

Código de acceso: Manual2022_Ed1

Conclusiones y recomendaciones

En esta sección únicamente te mostré las fórmulas de 3 métodos de pronósticos, pero en el archivo de Dropbox denominado **"Los 7 métodos de pronósticos en Excel"** podrás encontrar otros 4 métodos más para que practiques y encuentres las diferencias entre ellos. Recuerda que el de menor RMSE, será aquél que deberás seleccionar para tu proceso de planeación.

Recuerda que, prácticamente, cada decisión depende de algún tipo de pronóstico. La acumulación de inventarios se basa en un pronóstico de demanda esperada; el área de producción debe generar su plan de requerimientos de líneas de fabricación, personal necesario, materias primas y material de empaque; el departamento de finanzas debe generar proyecciones de las necesidades y compromisos de pago de las diferentes áreas de la empresa. La lista de aplicaciones es numerosa.

De los métodos descritos, el de Winters proporciona una forma práctica para explicar la estacionalidad de un modelo, cuando los datos tienen dicho patrón. Además, en muchas de las empresas a las que les he ayudado a generar sus pronósticos, este método genera un menor RMSE comparado con los que se describieron con anterioridad.

Con la práctica descubrirás que los métodos de atenuación exponencial son técnicas populares para generar pronósticos a corto y mediano plazo. Las ventajas principales son el bajo costo y la simplicidad. Por ello, es frecuente que dichos métodos sean las únicas herramientas cuando se requiere hacer pronósticos de miles de referencias o elementos.

Por último, el pronóstico no elimina la incertidumbre, sin importar cuanto tiempo y dinero se invierta en el mismo. Debes aprender a vivir con ella, y encontrar formas más efectivas para establecer el impacto en los planes y estrategias futuras. Ese es el reto.

5. MODELOS DE REGRESIÓN SIMPLE Y MÚLTIPLE

Introducción

Además de la información histórica que se dispone, y de los métodos de series de tiempo para generar un pronóstico, en muchos problemas cotidianos y de empresa, existen variables que afectan de manera positiva o negativa los resultados esperados. Por ejemplo, ¿existe relación entre lo que invierte una empresa en publicidad y sus ventas (gráfica 5.1)? ¿existe una relación entre la antigüedad de una persona en la empresa y su productividad? ¿si hay un cambio de precio en los artículos cómo afectará la demanda? ¿hay una relación directa entre una promoción y el volumen de ventas?

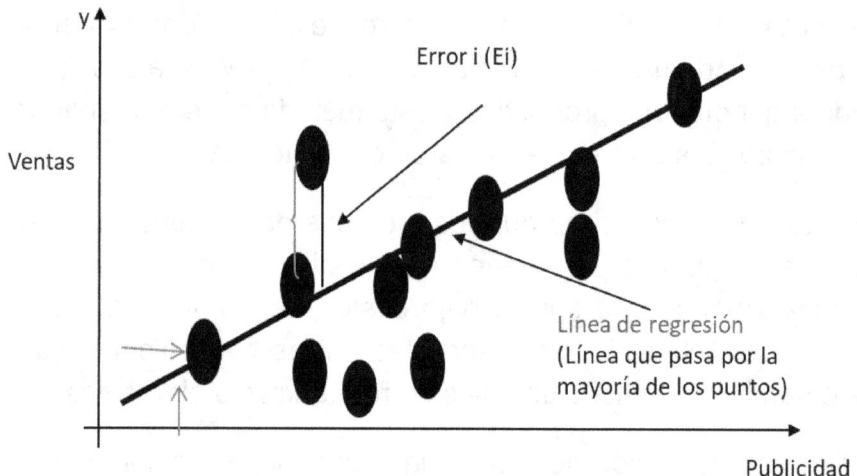

Gráfica 5.1. Diagrama de dispersión entre Ventas y Publicidad

Como se aprecia en el párrafo, y figura anterior, sólo se describen relaciones de causa y efecto entre dos variables, pero también puede haber entre más de dos de ellas. El análisis de regresión es una técnica estadística de modelado y de investigación que es muy útil para descubrir el efecto de dichas variables.

La tarea fundamental de dichos modelos es tratar de anticiparse a los hechos para prevenir contingencias y no sólo tratar de adivinarlas. Aún no existen modelos precisos y confiables para señalar cuándo y en qué lugar ocurrirá un hecho específico. De cualquier manera, con el afán de entender y predecir el comportamiento de algunas variables, estas herramientas pueden ayudar a exponer sus resultados para análisis y discusión.

El objetivo de esta sección es describir y aplicar las técnicas de regresión simple (una variable) y múltiple (más de dos variables) para entender el efecto que tienen entre ellas y generar modelos de predicción.

El modelo del Análisis de Regresión

Francis Galton (1822 – 1911) creó el concepto estadístico de correlación y regresión hacia la media para el análisis y estudio de variables. Los modelos de regresión son técnicas estadísticas para encontrar la mejor relación entre la variable dependiente y las variables independientes seleccionadas.

Existen modelos simples, de una sola variable independiente; y modelos múltiples, de más de dos variables independientes. En los dos casos el propósito principal es analizar el impacto que tiene una o más variables sobre otra variable.

Para generalizar el estudio de dichos modelos se presenta la siguiente ecuación de regresión múltiple para indicar la posición de la variable dependiente (Y) y las independientes (X_k) en dicha ecuación. La forma de la ecuación es lineal para fines de esta explicación.

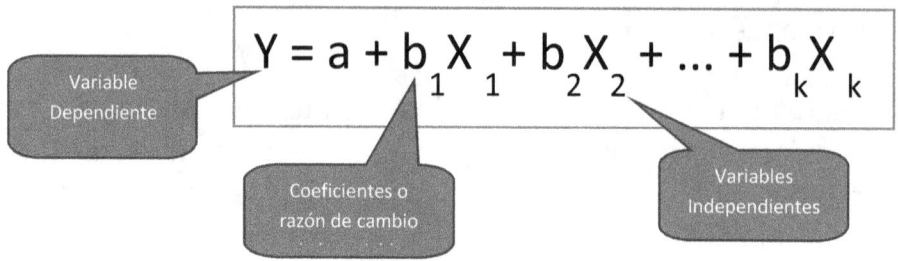

Regresión Lineal Simple

El desarrollo de una ecuación para expresar la relación entre dos variables, y obtener el valor de la variable dependiente (Y) con base en la definición de un valor de la variable independiente (X), se le conoce como Análisis de Regresión Simple (ARS). La estructura matemática de la fórmula está dada por la siguiente expresión:

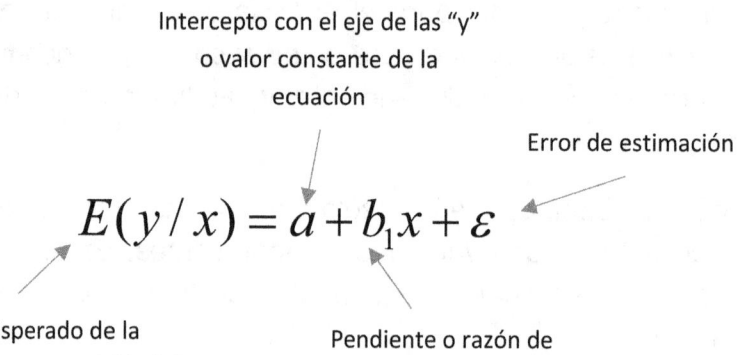

Está ecuación está presente en la gráfica 5.1, se puede observar, cuando se realiza un diagrama de dispersión de los datos, cuál es la tendencia de ellos. El propósito de la ecuación de regresión es encontrar aquella que pasa por la mayoría de los puntos que se describen.

Método de mínimos cuadrados

Es una técnica empleada para obtener la ecuación de regresión, minimizando la suma de los cuadrados de las distancias verticales entre los valores reales y los pronosticados con base en la siguiente ecuación:

$$\sum_{i=1}^{n} \varepsilon_i^2 = \sum_{i=1}^{n} (y_i - a - b_1 x_i)^2$$

Por medio de derivadas parciales respecto a cada función se obtienen las siguientes fórmulas de estimación:

1) Estimador de mínimos cuadrados de la **pendiente**

$$\hat{b}_1 = \frac{\sum_{i=1}^{n} y_i (x_i - \bar{x})}{\sum_{i=1}^{n} (x_i - \bar{x})^2}$$

2) Estimador de mínimos cuadrados del **intercepto**

$$\hat{a} = \bar{y} - \hat{b}_1 \bar{x}$$

Para ejemplificar el cálculo de los estimadores de mínimos cuadrados, revisemos el siguiente ejemplo de una empresa que desea pronosticar las ventas para los siguientes meses.

La información que se describe en la tabla 5.1 es: las ventas (en miles de kilogramos), y la variable promoción (1= si hubo promoción, 0= no hubo promoción)

Mes	Ventas (1000 Kg) Y	Promoción (1=si, 0=no) X
Ene	25	1
Feb	21	1
Mar	22	0
Abr	29	0
May	24	0

Tabla 5.1 Información de ventas y promoción de enero a mayo

En la tabla 5.2, se describen las fórmulas y cálculos del numerador y denominador de la pendiente:

Mes	Ventas (1000 Kgs) Y	Promoción (binaria) X	$y_i(x_i - \bar{x})$	$(x_i - \bar{x})^2$
Ene	25	1	25*(1 – 0.4) =15	(1 – 0.4)^2 = 0.36
Feb	21	1	21*(1 – 0.4) =12.6	(1 – 0.4)^2 = 0.36
Mar	22	0	-8.8	0.16
Abr	29	0	-11.6	0.16
May	24	0	-9.6	0.16
		Suma	-2.4	1.2

Tabla 5.2 Cálculo de denominador y numerador de la pendiente

Con base en la información generada en la tabla 5.2, y los valores promedio de la variable dependiente y la variable independiente, se pueden obtener los estimadores antes descritos.

Para el valor de la **pendiente** de la ecuación de regresión el resultado es el siguiente:

$$b_1 = \frac{\sum_{i=1}^{n} y_i(x_i - \bar{x})}{\sum_{i=1}^{n}(x_i - \bar{x})^2} = \frac{-2.4}{1.2} = -2.0$$

Para el valor del intercepto, y con la información de los valores promedio de cada variable, el resultado es el siguiente:

$$\hat{a} = \bar{y} - b_1\bar{x} = 24.2 + 2 * 0.4 = 25.0$$

Con estos valores la ecuación de regresión simple que pronostica las ventas es:

$$\hat{Y} = \hat{a} + \hat{b}_1 x = 25 + 2.0\ (Promoción)$$

- Por lo tanto, si hay promoción x=1, y la venta esperada será de 23000 kg.

$$\hat{Y} = \hat{a} + \hat{b}_1 x = 25 + 2.0\ (1) = 23$$

- Si no hay promoción x=0, y la venta esperada será de 25000 kg.

$$\hat{Y} = \hat{a} + \hat{b}_1 x = 25 + 2.0\ (0) = 25$$

Con la información anterior, la pregunta, casi obvia, sería, ¿no conviene hacer promociones? Antes de formular una respuesta, también será necesario responder a lo siguiente:

a) ¿Se puede pronosticar el resto de los meses con la ecuación obtenida del cálculo de los estimadores de mínimos cuadrados?

b) ¿Cuál es la validez estadística de la ecuación? En otras palabras, ¿es confiable la ecuación del modelo para pronosticar las ventas?

c) ¿El número de meses, y las variables que se tomaron para el análisis, son suficientes o exhaustivas para pronosticar las ventas?

d) ¿Cuál es la correlación que existe entre las variables "Ventas (1000 kg)" y la variable "Promoción (binaria)"

e) ¿La variable "Promoción (binaria)" puede ayudar a explicar el comportamiento de las ventas?

Principales indicadores del Análisis de Regresión y uso de Excel

Para responder a cada una de las preguntas descritas, en el párrafo anterior, primero será necesario definir los indicadores básicos de los modelos de regresión que fundamenten cada una de las respuestas. Los principales que formarán parte de esta explicación son: Coeficiente de determinación (r2), Coeficiente de correlación (r), F – valor, y el t – valor.

Cada uno de estos indicadores tienen una función única en la validez estadística del modelo de regresión, según se describe a continuación:

1. **Coeficiente de Determinación (r^2).** Es la proporción, de la variación de la variable dependiente, que es explicada por la(s) variable(s) independiente(s). r^2 varía entre 0 y 1, entre más cerca de 1 mejor.

$$r^2 = SSR/SST$$

2. **Coeficiente de Correlación (r).** Mide el grado de correlación lineal entre dos variables, r varía entre 0 y 1, entre más cerca de 1 mejor.

$$r = \sqrt{r^2}$$

3. **F – Valor (p-valor).** Medida que indica la significancia o confiabilidad de la ecuación de Regresión. Usualmente un valor más grande que 8 es aceptable.

$$F = MSR/MSE$$

4. **T – valor (p-valor).** Medida para la significancia o utilidad de las variables para pronosticar. **Usualmente un valor más grande que 2 o menor que -2 es aceptable**

$$t = b_k/Sb_k$$

Análisis de Varianza (ANOVA) o la prueba "F"

Una de las aplicaciones del ANOVA es validar si la variable dependiente puede ser pronosticada sin apoyarse de las variables independientes. Para ello es necesario obtener las siguientes medidas de variabilidad que se describen a continuación:

Variación Total (SST). Suma de las diferencias elevadas al cuadrado, entre cada observación y la media total

$$SST = \sum (y_i - \bar{y})^2$$

Variación Error (SSE). Suma de las diferencias elevadas al cuadrado entre cada observación y el valor pronosticado por la ecuación de regresión.

$$SSE = \sum (y_i - \hat{y})^2$$

Variación Regresión (SSR). Suma de las diferencias elevadas al cuadrado entre cada valor pronosticado y la media total.

$$SSR = SST - SSE$$

Estas estructuras para medir la variación son utilizadas para generar la prueba "F" de Fisher

$$F = \frac{MSR = SSR/(k)}{MSE = SSE/(n-(k+1))} \approx F_{k, n-(k+1)}$$

Esta prueba estadística indica la significancia o confiabilidad de la ecuación de Regresión, y además genera el siguiente cuadro de análisis:

El cuadro de ANOVA

	Grados de libertad	Suma de cuadrados	Promedio de los cuadrados	F	Valor crítico de F
Regresión	k	SSR	MSR= SSR/k	MSR/MSE	F – valor
Error (residuos)	n – (k+1)	SSE	MSE = SSE / (n – (k+1))		
Total	n – 1	SST			

donde:

k = número de variables

n = número de observaciones

Preparando Excel para el Análisis de Regresión

Para generar el cálculo de cada una de las fórmulas, e indicadores descritos, se hará uso de Excel y de la opción de "Análisis de Datos". Para ello deberás activarla siguiendo los siguientes pasos:

1. Selecciona Archivo – Opciones – Complementos – Complementos de Excel

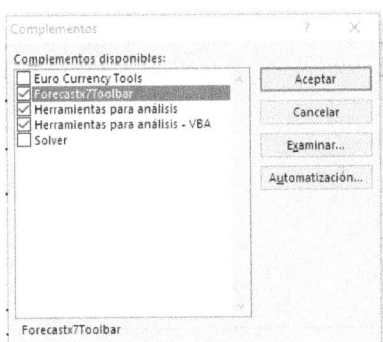

El Manual de Pronósticos y Planeación

2. Selecciona "Herramientas para análisis" - [Aceptar]

3. Aparecerá en la barra de herramientas de Excel una opción para "Análisis de datos"

Análisis de datos

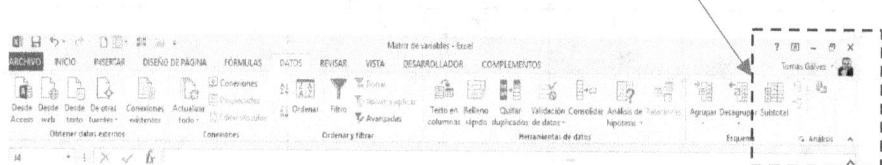

4. Al seleccionar "Análisis de Datos (Data Analysis...) aparecerá la siguiente pantalla y seleccionar la opción Regresión

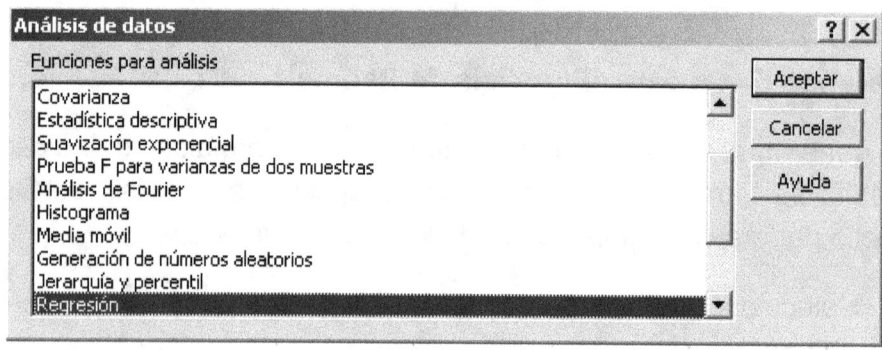

5. Después de seleccionar la opción de Regresión, la pantalla se muestra de la siguiente forma en donde será necesario ingresar los valores de la variable Dependiente (Y) y de las variables independientes (X)

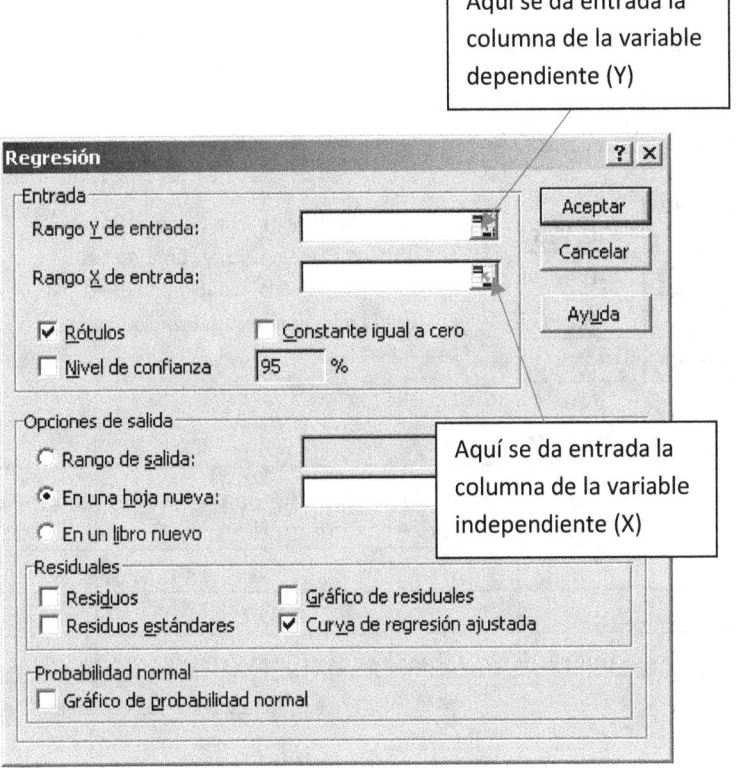

Salida de Excel del ejemplo del Análisis de Regresión

En la tabla 4.1 se describió un ejemplo para exponer el cálculo de los estimadores de mínimos cuadrados. Esta información se tomará para ingresarla a Excel y realizar el Análisis de Regresión que se muestra en las tablas de "Estadísticas de regresión". Se resaltan en amarillo los indicadores principales y un recuadro con la interpretación de cada uno de ellos

Estadísticas de la regresión

Coeficiente de correlación múltiple (R)	0.3517
Coeficiente de determinación R^2	0.1237
R^2 ajustado	-0.1684
Error típico	3.3665
Observaciones	5.0000

> Los resultados del Coeficiente de correlación indica una r = 35.17%, esto no es cercano al 100%.

> El valor de la prueba del modelo (prueba F) es 0.4235, y como no es mayor que 8 la ecuación no es válida para generar un pronóstico.

ANÁLISIS DE VARIANZA

	Grados de libertad	Suma de cuadrados	Promedio de los cuadrados	F	Valor crítico de F
Regresión	1	4.8	4.8	**0.4235**	**0.5616**
Residuos	3	34	11.3333		
Total	4	38.8			

> Este valor también indica que la ecuación no es válida ya que su confiabilidad es de 43.84%. Valor obtenido de (1-0.5616)

	Coeficientes	Error típico	Estadístico t	Probabilidad
Intercepción	25	1.9437	**12.8624**	0.0010
Promoción (binaria) X1	-2	3.0732	-0.6508	0.5616

> Coeficientes de la ecuación de pronóstico

> Cómo el valor de "t" no es mayor que 2, la variable no ayuda a pronosticar las ventas.

Interpretación final del ejercicio

Con base en lo expuesto, el Análisis de Regresión es útil cuando se pretende demostrar que existe relación entre dos variables. El valor de r = 35.17 demostró que ese valor, por ahora, no es significativo; el valor de F = 0.4235 no supera el límite mínimo de 8; el valor de t = -0.6508 no está fuera del rango de +/- 2. En conclusión, la ecuación final de

Y = 25 − 2 (Promoción) no tiene los suficientes elementos estadísticos para probar su efectividad y utilizarla como elemento de predicción.

Conclusiones y recomendaciones

El Análisis de Regresión Simple (ARS) es una de las herramientas estadísticas ampliamente utilizada cuando existe la necesidad de evaluar el impacto de una sola variable independiente sobre una dependiente.

En todos los problemas que se utiliza el ARS comprenden una versión más compleja denominada Análisis de Regresión Múltiple (ARM), ya que la mayoría de las relaciones implican un estudio de más de una variable independiente. Para que puedas aprender cómo se analiza un modelo de más de dos variables, ingresa por favor a la siguiente liga en YouTube https://youtu.be/Vi3oVHMZCEs y descubre todas las posibilidades que te ofrece el ARM.

No obstante, el ARS es utilizado en una diversidad de casos: Proyecciones de Venta, consumo de productos, precios de la bolsa, predicciones de cartera vencida, requerimiento de personal, demanda entradas en un cine, entre muchas otras aplicaciones más.

Una vez determinada la relación entre la variable independiente y la dependiente, la empresa puede, en algunos casos, tratar de controlar los resultados de la variable dependiente a partir de ese conocimiento.

Por ejemplo, supón que un gerente de comercialización determina que existe una relación entre los gastos de publicidad y las ventas. La ecuación de regresión podría ser:

Ventas = $43 000 + 0.3 (gasto de publicidad)

A partir de esta ecuación, el gerente de comercialización podría intentar controlar las ventas aumentando o disminuyendo la cantidad de publicidad para maximizar las utilidades.

Siempre que se tenga el control de la variable independiente, hay posibilidad de un control parcial de la variable dependiente. De ahí que la ecuación de regresión ayuda a determinar si vale la pena dicho control

6. CÓMO CONSTRUIR UN PLAN DE DEMANDA

Introducción

En este capítulo encontrarás, además de la inclusión y justificación de los anteriores, la descripción de tres conceptos que son necesarios para la construcción de un Plan de Demanda: 1) La gestión, que se relaciona con la actividad de coordinar todos los recursos disponibles para conseguir los objetivos de la organización; 2) El proceso, que describe la forma de trabajo que deberán tener todas las áreas de la organización, entre las que sobresalen: Comercial, Mercadotecnia, Innovación, Finanzas, Abastecimiento, Inventarios y Almacenes, Logística y Producción, y 3) La función del pronóstico para identificar los elementos que influencian la demanda independiente, así como las estrategias internas de los canales, marcas, clientes y productos, y la identificación de las variables externas que también influyen en el plan.

El objetivo principal, es que puedas construir tu propio Plan de Demanda, y que además lo pongas a prueba para observar tus resultados,

La gestión de la Planeación de la Demanda

Gestionar se refiere a la actividad de coordinar todos los recursos disponibles para conseguir determinados objetivos. Implica identificar las interacciones entre el entorno, las estructuras, el proceso y los productos. La gestión de la planeación de la demanda se refiere específicamente a la coordinación de todas las actividades que afectan la demanda de clientes, incluyendo la creación, generación y reposición de ésta. Se enfoca en el desarrollo de planes, esquemas o estrategias que afectarán la demanda en el futuro.

El objetivo en esta sección es describir los conceptos de planeación y administración de la demanda, y su relación con la cadena de suministro.

Planeación y administración de demanda

La planeación de la demanda integra principalmente las actividades de 1) identificación de las fuentes de generación de demanda, 2) la gestión de la administración de la demanda y 3) la de planeación de la cadena de suministro.

La primera actividad comúnmente se realiza por medio de herramientas estadísticas, que se revisaron en capítulos anteriores, que analizan la historia de la demanda y que es la base para la generación de un pronóstico. Incluye el uso de series de tiempo para identificar patrones de comportamiento y las causas que generan un efecto en el comportamiento de la demanda tales como condiciones económicas, climatológicas, competencia y promociones, entre otras. Por ejemplo, la actividad de generación de pronósticos valida los posibles impactos respecto al abasto o limitantes de capacidad de producción.

La segunda, que se refiere a la gestión de la administración de la demanda, se relaciona con las decisiones de mercadotecnia y su ejecución en tiempo real dando seguimiento y asegurando calidad en la administración y el manejo real de demanda una vez que los pronósticos se vuelven un número oficial en la organización.

Por último, la tercera involucra el balance de la demanda y el abasto entre los ciclos de pronóstico y planeación. Por ejemplo, si la planeación de la demanda y la generación de pronósticos se realizan de forma mensual, la administración de la demanda necesita llenar los espacios que se generan entre la demanda y el abasto de forma diaria o semanal dentro de cada mes.

Estas actividades son alimentadoras y antesala del proceso de la planeación de la cadena de suministro. En ésta, todo el conjunto de elementos que funcionan para la generación del suministro se enfoca en generar los recursos que satisfagan una demanda y servicio esperados (inventarios de seguridad, programación óptima de producción, compra adecuada de materiales, entre otros).

La Administración de la Cadena de Suministro y la Planeación de la Demanda

La Administración de la Cadena de Suministro (SCM, por sus siglas en inglés) es la integración de los procesos clave de negocio desde los usuarios finales a través de los proveedores primarios que suministran productos, servicios e información que agrega valor para los clientes y los otros involucrados. Para que esa cadena de suministro funcione adecuadamente, es necesario sincronizar información desde clientes hasta proveedores para convertir dicha información en producto que satisfaga las necesidades del mercado.

En una cadena de suministro en donde la información fluye casi en tiempo real, se requiere de un proceso que planee el comportamiento de la demanda hacia futuro, y en función a ello, formular estrategias a lo largo de la cadena que transforme y asegure la disponibilidad de producto y el servicio esperado por los clientes.

El proceso que determina y pronostica cuál será la demanda a futuro de un producto determinado en un lugar determinado es el de Planeación de la Demanda. La planeación de la demanda es también la visión interna de la compañía, qué recursos se requieren; en términos de inventario, mano de obra, materiales, tiempo y capacidad para satisfacer la demanda real.

Este proceso, que puede ser considerado el más importante dentro de la cadena de suministro, requiere de una gran precisión y debe:

1. Tener información clave de tendencias históricas del comportamiento de la demanda y sincronizar adicionalmente información de otras variables internas y externas como eventos de promoción, estrategias de ventas, acciones de competencia, escenarios económicos, incrementos de precios y todo lo que genere un impacto en el comportamiento futuro de la demanda.
2. Plantear la hipótesis del negocio que explique la historia reciente, diagnosticar el estado del negocio en el mediano plazo y decidir acciones que permitan construir el futuro deseado en dicho horizonte para la empresa.
3. Producir acciones efectivas coordinadas (figura 6.1) eficaces a lo largo de la cadena y procurar el óptimo aprovechamiento de los recursos de una manera eficiente. La planeación entonces debe ser eficaz y eficiente.

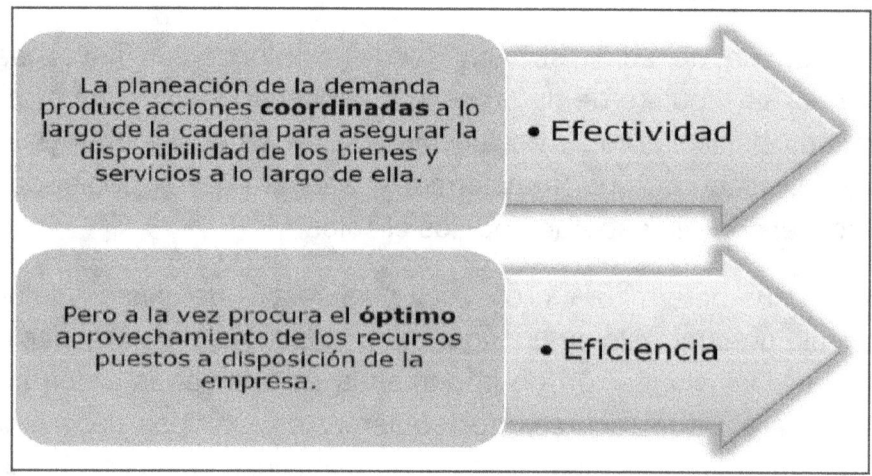

Figura 6.1. La planeación de la demanda eficiente y eficaz.

Para que una cadena de abasto funcione adecuadamente, se requiere sincronizar información desde clientes hasta proveedores para convertir dicha información en productos que satisfagas las necesidades del mercado. La información más importante que fluye a lo largo de la cadena de abasto es la relacionada a la demanda, que significa la cantidad de producto que los clientes consumirán en un momento determinado.

Una vez que el proceso de Planeación de la Demanda integra la información en diferentes ciclos de tiempo (puede ser diaria, semanal, mensual, etc.), la cadena de abasto comenzará a operar, coordinando a todos los elementos a lo largo de ella para satisfacer esa demanda esperada.

El proceso de la Planeación de la Demanda

El proceso de planeación de la demanda implica trabajo en equipo de todas las áreas de la organización, entre las que sobresalen: Comercial, Mercadotecnia, Abastecimiento, Inventarios y Almacenes, Logística y Producción. La interacción de dichas áreas genera información muy valiosa para la construcción de un pronóstico base, integrar las iniciativas de cada una de ellas, consensuar, comunicar y medir la efectividad del pronóstico.

El objetivo de esta sección es conocer los elementos principales que integran el proceso de Planeación de la Demanda.

El proceso

El proceso de planeación de demanda busca anticiparse a la demanda del mercado, pronosticando cuánto, qué y en dónde podrían venderse los distintos productos. Para ello es necesario tener información de las condiciones actuales de la cadena de suministro y las variables clave que proporcionan información sobre costos de producción, precios, insumos, entre otros. Con esta información y reunidos los involucrados se puede llegar a un proceso de optimización y un consenso para emitir el pronóstico final.

Su objetivo principal es generar un pronóstico certero y confiable, identificando tendencias del mercado, así como predecir cambios en los patrones de consumo de los clientes.

Pasos en el proceso de Planeación de la Demanda.

En este proceso existen diferentes formas para llegar formular el pronóstico, a continuación, se describen cinco de pasos sugeridos para garantizar una calidad en la ejecución de éste.

Paso 1. Pronóstico base. Este pronóstico debe generarse por métodos estadísticos confiables, y si es necesario hacer uso de herramientas tecnológicas que permitan el análisis de grandes volúmenes de información. No existe una definición precisa de la cantidad de información que se requiere, pero es recomendable contar con al menos tres años de información en forma mensual. El pronóstico base es generado analizando y proyectando la tendencia natural de cada producto considerando las variables clave internas y externas, así como un factor de crecimiento definido previamente por la organización.

Paso 2. Integración. Una vez que se tiene un pronóstico base es necesario integrar todas las iniciativas de otras áreas tales como: promociones, eventos especiales, impulsos estratégicos, así como aquellas que se consideren provocarán una variación de la demanda esperada mayor que el pronóstico estadístico base o el factor de crecimiento previamente establecido. Para realizar este paso es indispensable que las áreas de Innovación, Mercadotecnia y Ventas participen integrando toda la información de volumen para cada producto que se verá afectado por cada una de las estrategias mencionadas.

Paso 3. Consenso. El consenso se realiza en reuniones para fijar acuerdos y pueden variar en frecuencia: diaria, semanal o mensual; según sea necesario. Estas pueden ser realizadas entre las áreas descritas en donde se evalúan las variaciones del pronóstico base de cualquier producto. Con lo anterior se logra definir un pronóstico final de dichos productos, minimizando el riesgo de protección de algunas de las áreas y eliminando las decisiones unilaterales que afectarían el desempeño del proceso.

Paso 4. Comunicación. Una vez concluido el proceso de consenso se determina un pronóstico final (Plan de Demanda sin restricciones), el cual entrará en operación en el siguiente periodo. Para ello es necesario realizar un proceso de comunicación formal sobre cuál será el pronóstico de demanda bajo el cual se estará trabajando, así como se lleva a cabo el proceso de formalizar el arranque de las estrategias para el resto de los planes. Las herramientas tecnológicas también son muy útiles en el proceso de alimentación del pronóstico en el sistema de planeación de la Cadena de Abasto para el inicio de la ejecución de ella.

Paso 5. Medición y Retroalimentación. Para medir el desempeño de este proceso se sugiere medir la cantidad de error en el pronóstico versus la demanda real para cada producto (es decir incluir el error de haber pronosticado una demanda esperada). El propósito es coordinar y controlar todas las fuentes de demanda para que el sistema productivo pueda usarse de manera eficiente y para que el producto se entregue a tiempo.

La mejor estrategia de planeación es aquella que entiende y considera las características de la demanda de los productos y su complejidad. Debido al impacto que el inventario tiene en toda la cadena, este debe ser un proceso crítico de negocio que asegure un mantenimiento adecuado de los sistemas que lo administran.

El proceso de planeación debe ser, como el de la cadena de suministro, maximizar el servicio al cliente optimizando los recursos y capacidades que la empresa dedica para ello. Una definición correcta de la estrategia de inventarios es un elemento clave para el logro de dichos objetivos.

La función del pronóstico en la Planeación de la Demanda

El Pronóstico y la Planeación de la Demanda agrupan la mayoría de los elementos que influencian la demanda independiente de bienes o servicios. Entender las estrategias internas de los canales, marcas, clientes y productos, y la identificación de las variables externas como eventos, promociones o estacionalidad, contribuye a mejorar políticas, procesos, sistemas y técnicas. El objetivo es mejorar la precisión del pronóstico para que impacte en la rotación y los niveles de inventarios, en los niveles de servicio a clientes, elimine los faltantes y reduzca el tiempo de reabastecimiento.

El objetivo en es esta sección es describir la función del pronóstico en la planeación de la demanda, el horizonte de planeación, sugerencias para la selección de la metodología y finalmente 5 pasos para el proceso del pronóstico.

La función del pronóstico

El pronóstico es un componente crítico del plan de demanda, pues dispara el resto de los procesos en la Cadena de Suministro, y además ayuda a definir con mayor precisión los niveles de inventario.

La gran trascendencia de esa precisión (figura 6.2) es que contribuye a definir la estrategia, la táctica y la operación necesarios por tipo de empresa. Un pronóstico más certero, da como resultado: Incremento en los niveles de servicio a clientes, reducción de costos de manufactura, almacenamiento y transporte, así como niveles de inventario balanceados.

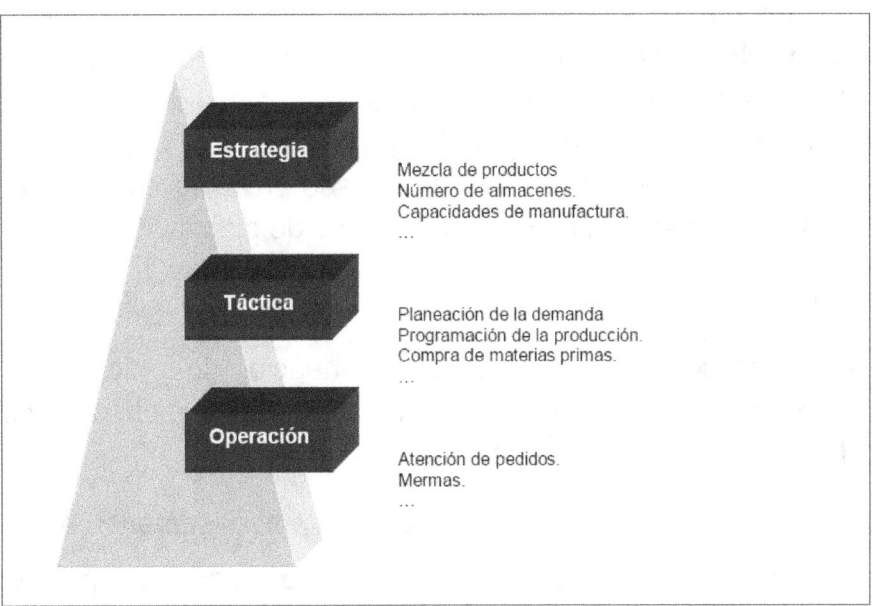

Figura 6.2. La trascendencia de los inventarios

El pronóstico es un proceso de estimación de un acontecimiento futuro proyectando datos del pasado. Estos, se combinan sistemáticamente en forma predeterminada para hacer una estimación de lo que vendrá. La predicción es un proceso de estimación de un suceso basándose en consideraciones subjetivas diferentes a los simples datos provenientes del pasado; estas consideraciones subjetivas no necesariamente deben combinarse de una manera predeterminada. Es decir, cuando no existen datos del pasado, se requiere una predicción, y de lo contrario, se necesita un pronóstico.

Los pronósticos son la base de la planificación corporativa a largo plazo. El personal de producción y de operación utiliza pronósticos para tomar decisiones periódicas con respecto a la selección de procesos, a la planificación de la capacidad, a la planificación de la producción, a la programación de actividades y al inventario.

Podemos diferenciar dos tipos de pronósticos: pronósticos detallados para un artículo específico que se emplean para planear a corto plazo, y en el otro extremo se requieren pronósticos globales sobre las demandas de productos en un horizonte de tiempo mucho más lejano. Se deben utilizar diferentes horizontes de tiempo según la información que se necesite para los distintos tipos de decisiones de planeación.

El horizonte de planeación

Cada horizonte de tiempo, dentro de la planeación de la demanda, tiene un objetivo específico: Planear a corto (semanal o mensual, mediano (trimestral) y largo plazo (anual o cada tres años):

1. La planeación de un horizonte de tiempo semanal o mensual permite determinar la estrategia de colocación de producto en cada uno de los puntos de inventario. Determina en dónde y cuándo se espera una demanda para un producto en específico.

2. La planeación de la demanda en un horizonte de tres meses permite, por ejemplo, determinar la estrategia de compra de materiales para satisfacer una demanda esperada a futuro. Ello se debe a que en ocasiones los tiempos de repuesta de los proveedores son tales, que se requiere pronosticar con períodos de tiempo medio para coordinar la entrega y ubicación de los materiales en cada planta.

3. Una planeación de la demanda a más largo plazo (anual o cada tres años) permite determinar los requerimientos de inversión en capacidades o líneas de producción con un estimado de

proyección respecto a las demandas futuras esperadas. Este tipo de horizonte representa una decisión de tipo más estratégico para la compañía.

Métodos y selección de la técnica de pronósticos

Seleccionar una metodología de pronóstico no es una tarea sencilla. En este manual se describieron tres métodos de series de tiempo y los análisis de regresión. Los primeros buscan simplemente extrapolar hacia el futuro los patrones de los datos del pasado. La base de tales métodos consiste en que en una serie de tiempo existen fuerzas de Inercia que hacen que la serie de tiempo se repita al menos en el período que se quiere pronosticar El otro método, causal o explicativo, incluye los de regresión y los econométricos. Tales métodos pretenden dar respuesta a interrogantes basados en supuesto de hechos.

Por otro lado, los recientes avances en procesos de planeación han sido focalizados en captar el impacto que producen en la demanda los cambios de precios y promociones, la introducción de un nuevo producto, la obsolescencia o racionalización de un producto, la intermitencia de la demanda, así como la fusión de los mercados. Este grupo de procesos se caracteriza principalmente por aplicaciones que permite que las compañías pronostiquen la demanda de productos basados en las ventas históricas, los patrones estacionales, inteligencia de mercado, indicadores, etc.

Los pronósticos también se realizan de manera intuitiva o formal. El pronóstico intuitivo se refiere a los procesos que son subjetivos para el planificador o para el que toma decisiones. Si una persona realiza un pronóstico es vulnerable a los diversos sesgos generados por la estimación subjetiva o estimación a criterio. Por otro lado, los métodos formales son aquellos que pueden describirse, y que cuando los aplican diferentes individuos, proporcionan un pronóstico similar. Por tanto, una diferencia significativa entre estás formas de pronosticar está en el grado en el que se puedan repetir los resultados de los pronósticos.

Sin embargo, el cambio hacia formas más explícitas y formales tiende a conducir hacia mejores importantes en el desempeño de los pronósticos. De cualquier modo, es necesario conocer las posibilidades y las limitaciones de las técnicas existentes, de tal forma que se tengan expectativas realistas en la evaluación de los resultados.

Desafortunadamente uno de los problemas de las metodologías anteriores, es que los patrones o comportamiento en los que se basan se calculan con base en datos históricos. Si estos cambian —lo que siempre sucede— disminuye significativamente la precisión del pronóstico. Más aún, cuando el propósito principal del pronóstico es proporcionar un mejor conocimiento del ambiente y de los factores causales que actúan sobre él, la precisión pasa a segundo término.

Además, es necesario agregar y considerar las siguientes variables para la selección de un pronóstico:

1) El pronosticador y el que toma las decisiones

En la elaboración de un pronóstico, de manera general, el pronosticador informa al responsable de la toma de decisiones las consecuencias de un conjunto de planes previstos y para ello emplea cierta información. El pronosticador adoptará un procedimiento específico tomando en cuenta el costo de las diversas posibilidades, el tiempo disponible antes que se necesite el pronóstico y alguna idea de la precisión probable de los métodos que puede aplicar en forma competente.

Pero los puntos de vista del pronosticador y el que toma las decisiones por lo general difieren. El pronosticador es demasiado técnico, no entiende los problemas del que toma las decisiones y rara vez maneja los costos de manera adecuada. Mientras que éste último, entiende poco de los aspectos técnicos del pronóstico.

En ambos casos, si el resultado del pronóstico no es de su entera satisfacción, lo modificarán usando fuentes alternativas de información y emitirán una recomendación. Lo anterior podrá reducir su efectividad si no se toman en cuenta los supuestos ocultos de las diferentes partes de la organización que influirán en cualquier variable que se considere crucial.

2) Las divisiones de la organización

En muchas organizaciones el pronóstico de las mismas variables se elabora por diferentes divisiones de la organización. Con frecuencia el resultado del pronóstico de mercadotecnia (optimista) no es el mismo que el de contabilidad (pesimista), lo que en la mayoría de las veces conduce a pronósticos y errores diferentes. Dichas aseveraciones nos llevan a suponer que las relaciones entre la función de pronósticos y la toma de decisiones son débiles en muchas organizaciones, entonces ¿cuáles son los diseños corporativos más favorables para hacer coincidir a los dos?

3) La calidad de los sistemas de información

Cualquier procedimiento de pronóstico tiene como premisa que la información está disponible y es de fácil acceso, desafortunadamente en muchas empresas no llevan registros adecuados y ni siquiera siguen un método consistente de información propia y por lo tanto sus pronósticos no son lo más adecuados. Es claro que la recopilación adecuada y rutinaria de datos es fundamental para la toma de decisiones.

4) Las variables clave

Un elemento adicional es la selección de aquellas variables que afectarán significativamente el comportamiento del pronóstico. Muchos administradores se confunden por las diferencias existentes entre pronósticos, presupuestos planes y objetivos. Mientras que el pronóstico está asociado con la incertidumbre, los planes y objetivos son resultados deseados claros y específicos. El problema de esta confusión es que aquellas variables que deberían considerarse como dependientes del pronóstico, son consideradas como fijas y constantes (flujo de efectivo, volumen de ventas, precio, financiamiento, etc.) y que por tanto no cambian a través del tiempo.

5) Costos y beneficios del mejoramiento de los pronósticos.

La sensibilidad que tienen aquellas decisiones a los errores de pronósticos también fija un tope en los gastos del pronóstico. Si un error del 10% en el pronóstico de ventas de un producto causa incrementos en los costos (y por consecuencia una pérdida de rendimientos) por $100,000 unidades monetarias, vale la pena invertir hasta esa cantidad para eliminar ese error del 10% en el pronóstico. La mayor precisión es una función de los gastos que se efectúan para el pronóstico, en tanto que el beneficio que se obtiene también es una función de mayor precisión.

6) Selección de un procedimiento para pronósticos.

¿Entre más complicado mejor? No es fácil encontrar reglas sencillas mediante las cuales el pronosticador podrá seleccionar el método que le permitirá lograr el nivel de precisión deseado. Así mismo parece no razonable probar todos los métodos posibles, salvo que se trate de un proyecto demasiado importante. Por otro lado, y aunque resulte paradójico, no es recomendable limitar nuestros análisis a un número reducido de métodos de pronóstico.

7) Evaluación de los métodos de pronóstico

No es posible confiar en un solo método para obtener los mejores pronósticos, cada uno tiene sus ventajas y desventajas. En la tabla 5.3.2 se describen los principales métodos utilizados para pronosticar, y se identifican con las letras J (Juicio), E (Extrapolativos) y C (Causales) Además, se puede apreciar en la tabla que las desventajas exponen la dudosa efectividad del pronóstico en todos los casos expuestos.

ID	Método	Ventajas	Desventajas
J1	Pronósticos individuales	Económico y flexible	Precisión dudosa
J2	Pronósticos comité/encuestas	Relaciona diferentes perspectivas	Puede dominar una voz fuerte, es más caro que el individual.
J3	Delphi	Relaciona diferentes perspectivas en forma anónima.	Complicado, existe presión para lograr el consenso.
E1	Análisis de la curva de tendencia	Fácil de aprender, usar y comprender.	Demasiado fácil y propicia el descuido especialmente a largo plazo.
E2	Métodos de descomposición	Creíbles por intuición.	No tiene explicación estadística.
E3	Atenuación exponencial	Fácil de operar en computadora, económico, de fácil acceso y aplica a un gran número de productos.	Sin base teórica, pierde los puntos críticos y son imprecisos.
E4	Modelos de Box & Jenkins (ARIMA)	Basado en el principio de la parsimonia: cuánto más simple mejor.	Complicado y difícil de entender y caro por el uso de tiempo computadora.
E5	Modelos Bayesianos	Trata de incluir la probabilidad e información subjetiva y es económico.	Complicado, se conoce muy poco del su funcionamiento.
C1	Modelos de Regresión	Son ideales para identificar variables críticas.	Son difíciles de desarrollar y requieren de un gran conocimiento estadístico.
C2	Modelos de sistemas simultáneos	Captan interrelaciones entre diferentes sistemas sociales y económicos.	Grandes requerimientos de datos, difíciles de entender, complicados y caros.
C3	Modelos de Simulación	En forma adecuada pueden ser de gran ayuda.	Caros y requieren una gran cantidad de datos
C4	Modelos de entrada y salida	Ideal para pronosticar productos industriales	Costosos y con alto nivel de obsolescencia
C5	Análisis de impacto cruzado	Capaz de tratar eventos improbables que pueden ocasionar un gran impacto.	Las probabilidades se estiman por métodos de criterio

Tabla 5.2. Ventajas y desventajas de los métodos de Pronóstico. Fuente: Fildes R., "Elaboración de Pronósticos: Principios" Manchester Business School, 1989.

Conclusiones y recomendaciones

Una característica del pronóstico, acerca de su papel y su estado actual, se relaciona con el tema de la incertidumbre en la planeación y en la toma de decisiones. En realidad, la capacidad del pronóstico de reducir la incertidumbre es limitada por la sencilla razón de que ésta existirá independientemente de lo que hagan los planificadores y los que toman las decisiones.

La recomendación es que las proyecciones se generen mediante metodologías variadas y diferenciadas, sin embargo, el efecto en la precisión es contrario al esperado, a mayor cantidad de pronósticos mayor será la incertidumbre

La formulación del problema y la recolección de datos se tratan como un paso único, debido a que están íntimamente relacionados. El problema es determinar los datos adecuados. La tarea de obtener y recopilar dicha información es desafiante y consume mucho tiempo. Si no se dispone de los datos adecuados, el problema podría tener que redefinirse o se tendría que emplear una metodología no cuantitativa de pronóstico.

Por otro lado, en el proceso de la generación del pronóstico es posible tener demasiados datos o muy pocos. Algunos datos pueden ser irrelevantes para el problema. Otros podrían tener valores omitidos que deban estimarse. Por lo general, se requiere cierto esfuerzo para obtener los datos de la forma requerida a fin de utilizar determinados procedimientos de pronósticos.

Preparar los datos recolectados en un modelo de pronóstico que sea adecuado en términos de minimización del error del pronóstico. Cuánto más simple sea el modelo, resulta mejora para obtener la aceptación del proceso del pronóstico por parte de los administradores que toman las decisiones en la empresa.

7. CÓMO CONSTRUIR EL PLAN DE VENTAS Y OPERACIONES (S&OP)

Introducción

El resultado de la ejecución y consolidación del Plan de Demanda descrito en el capítulo anterior es el diseño y construcción del Plan de Ventas y Operaciones (Sales & Operations Planning – S&OP). Este proceso de planeación, de la cadena de suministro y de valor, permite alinear recursos y capacidades con el propósito de obtener el mejor rendimiento dentro de un horizonte táctico y operativo. El objetivo es conciliar la demanda, los planes de nuevos productos, las actividades de producción y suministro, tanto a nivel de producto como de familia, con el plan de negocio de la organización.

El S&OP enlaza los planes estratégicos del negocio con la ejecución. Es la aprobación ejecutiva y definitiva de los planes de la empresa en un rango de tiempo que cubre del corto al mediano plazo, y con un horizonte suficiente para planear los recursos y soportar el proceso de la planeación del negocio.

El objetivo de esta sección es describir los pasos necesarios para construir el proceso de S&OP, la estructura principal de un modelo comprobado para el diseño del plan, así como las recomendaciones básicas para la implementación exitosa en las organizaciones.

Consideraciones generales del S&OP

Antes de introducirse al proyecto del S&OP es necesario tomar en cuenta las siguientes consideraciones. La forma en que éstas deban llevarse a la práctica serán diferentes para cada organización; incluso entre empresas competidoras del mismo sector industrial, y aún en diferentes divisiones de una misma empresa.

1. No es sólo evento de planeación. Implica fases complementarias de organización, ejecución y control que formalizan un ciclo de gestión. Limitar el proceso de planeación sólo a la organización de reuniones no tiene un significado relevante. Si no es considerado el ciclo completo, el proceso se vuelve de poca trascendencia que revela poco compromiso en la organización.
2. No se limita al actuar de una empresa en particular, sino que deben considerarse a todos los participantes que son claves en el desempeño de la cadena. Muchas empresas involucran en menor o mayor medida a proveedores o distribuidores clave en las diferentes etapas del proceso.
3. El resultado del diseño son planes de trabajo que determinan la utilización de los recursos de los procesos participantes. Estos deben encontrar en la planeación, las metas operacionales o identificar cuando los procesos son de servicio a los anteriores y no forman parte directamente en el de planeación.
4. El S&OP actúa en un horizonte táctico, por ello se definen disciplinas de actuación operacional y están sujetas a las definiciones estratégicas. Asegura la interpretación de las definiciones estratégicas por parte de la operación.
5. El proceso debe tener metas e indicadores de desempeño, usualmente una combinación de resultados financieros y de indicadores de nivel de servicio o de eficiencia y utilización de ciertas capacidades de proceso.

Variables tales como las características del producto, la presión de los proveedores, de los canales de distribución y las preferencias del mercado, las características del consumidor, la disponibilidad de suministros, de recursos tecnológicos y de capital, la complejidad de la fabricación de los bienes y de los servicios ofrecidos, y especialmente la estrategia competitiva, determinan la manera adecuada para integrar el proceso del S&OP en una empresa determinada en un momento en particular. Éste último: la estrategia, es el vector principal para definir en detalle las características del proceso.

Elementos principales

Para que un proceso de S&OP se integre y se logre de manera exitosa, deben existir en el plan al menos los siguientes 7 elementos, los cuales serán descritos en esta sección del manual. Es necesario que, al inicio de esta guía, el líder se asegure que cada participante realice cada uno de los subprocesos del S&OP y definir en conjunto:

I. El comité de planeación
II. El proceso general del S&OP (Mapas y procedimientos)
III. La familia de productos para el inicio del proceso.
IV. El horizonte de planeación.
V. El calendario para los momentos clave del proceso.
VI. Los formatos de control e indicadores de medición.
VII. La estructura de consenso.

I. Definir el comité de planeación

Usualmente el equipo de trabajo que se hace cargo del S&OP toma la forma de un comité que se reúne periódicamente en el cual participan los gerentes de los procesos que contribuyen de manera definitiva a su situación competitiva.

La estrategia de la empresa o procesos de negocio clave, que se integra en el S&OP y las situaciones emergentes, son los factores más relevantes para considerar para identificar estos procesos. De esta manera sucede que dos empresas competidoras en un mismo segmento –pero con diferente estrategia, los procesos significativos serán completamente diferentes en cada caso.

Sin embargo, es necesario reconocer que, además de la estrategia planeada, hay sucesos imprevistos relevantes que obligan a tomar acciones de ajuste. Por ejemplo, ante una crisis de suministro o mercado–o incluso ante una oportunidad de negocio no prevista, es necesario involucrar en el S&OP procesos que rutinariamente están fuera del mismo. El equipo que realiza el S&OP reevalúa continuamente su conformación; integran o retiran procesos de acuerdo con las condiciones del mercado, liderado por grandes empresas trasnacionales.

¿Quién deberá ser el líder del S&OP?

Aun cuando no hay ninguna receta mágica en este sentido, el liderazgo del comité puede recaer en alguna de las diferentes funciones que toman parte en el mismo, pero comúnmente en alguna relacionada con funciones logística.

A continuación, algunos ejemplos:

- En las industrias intensivas en capital, el liderazgo del S&OP recae en una función asociada a la distribución. La lógica que sustenta esta definición es que el costo de este proceso suele ser

relevante y su posición le permite no comprometer la rentabilidad de la inversión ante las necesidades comerciales.
- En industrias dedicadas a productos de consumo maquilados por terceros o que sus procesos son de limitado valor agregado, por ejemplo, ensamble o empaque, el liderazgo del proceso S&OP lo toma el área de comercialización porque la capacidad competitiva depende sustancialmente de la disponibilidad de los bienes.
- En el caso de empresas comercializadoras que revenden bienes junto con una cantidad variable de servicios cuya adquisición entraña cierto grado de complejidad el liderazgo lo toma la función de compras, o cuando la disponibilidad de capital es una limitante seria, es el área financiera quien lo asume.

En todo caso, la máxima autoridad funcional de la compañía debe estar representada de alguna manera en el comité, ya sea a través de terceros o directamente con su presencia en las sesiones y comunicados de éste, de tal manera que las decisiones del comité tienen un poder real sobre las operaciones.

¿A quién incluir?

Los integrantes del comité son los gerentes de los procesos críticos de la organización, aquellos que son decisivos en la creación del valor percibido por el mercado. Es importante no sobrepoblar tal comité, ya que eso produce un alargamiento de las discusiones y retraso en las decisiones. Al participar en el comité los gerentes reconocen y consensan de manera directa las metas de su proceso, por lo que se facilita su adopción.

Los gerentes de los procesos no considerados en el comité deben aprender a leer del plan táctico aprobado las metas que corresponden a sus áreas de responsabilidad. Aun cuando no tomen parte en el proceso de planeación deben asegurarse de que sus variables críticas están representadas en los documentos y reportes que se emplean para la planeación.

II. Describir el proceso general del S&OP (Mapas y procedimientos)

En la figura 6.1 se muestra un proceso de S&OP que contiene 6 actividades sugeridas para la realización de este Plan. Se describen cada una de ellas para facilitar la construcción del S&OP que se ajuste a las necesidades de cada organización.

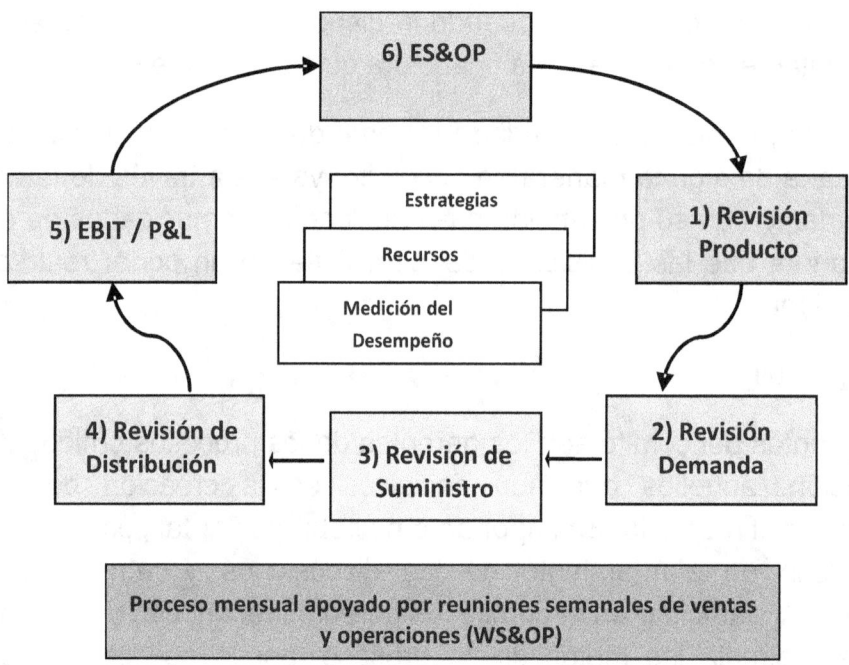

Figura 7.1. El proceso del Plan de Operaciones y Ventas (S&OP)

1) Revisión del Producto

Este proceso contribuye a la planeación de la demanda. Su aportación en la planeación táctica es proveer una expectativa del volumen de ventas de los nuevos productos y de los que están en retiro; y esto es independiente de las tareas que en el ámbito estratégico y operacional este proceso desempeñe.

Los esfuerzos de la función de nuevos productos o administración de la cartera de productos deben estar acotados en la planeación estratégica confrontando metas referentes a la rentabilidad y renovación de la cartera de productos. Pero debe superarse la miopía de que el desarrollo de nuevos productos finaliza con la entrega del producto a la operación comercial; debe asumir una responsabilidad durante la fase de introducción antes de liberar al producto como un producto de línea.

Igualmente debe estar considerada la depuración del catálogo, con objeto de mantener una oferta sana desde el punto de vista de su rentabilidad. Esta dinámica se extiende a productos, servicios, productos en segmentos, canales, mercados o regiones con el nivel de detalle necesario para el S&OP.

El plan táctico debe incorporar metas de desempeño con plazos específicos para los nuevos productos y los que están de salida. Acordando las acciones de introducción y retiro correspondientes. Este punto debe controlarse con disciplina. El no hacerlo produce una fuente de desperdicio. Requiere reconocer el fracaso de una iniciativa, en el caso de un producto nuevo que no alcanza sus metas, y retirar definitivamente una posición del catálogo.

Algunos de los puestos involucrados en esta actividad están relacionados con: Marketing, Planeación de la Demanda, Servicio al Cliente, Planeación de Producción, Finanzas y Compras.

2) Revisión de la Demanda

Esta revisión se sugiera realizar al menos dos veces por mes. La primera para consolidar el pronóstico de la demanda (Pronóstico sin restricciones), la segunda para informar excedentes, faltantes o cambios en la proyección, después del balanceo (Pronóstico con restricciones). La utilidad principal del pronóstico de la demanda y oferta es construir con los participantes del S&OP un "Pronóstico Colaborativo". Se denomina de esta forma porque el pronóstico de la demanda, calculado a partir de la información estadística disponible y con métodos y modelos que tengan mínima variabilidad, se expone a los responsables de las áreas comerciales para su revisión y ajuste. Lo mismo se puede extender para considerar alguna otra capacidad que contenga alguna situación crítica por algún hecho estacional o circunstancial: suministro de materiales, producción o transporte.

En esta etapa de preparación la información del pronóstico de la demanda se confronta con las capacidades esperadas del sistema de suministro en los escenarios previstos para siguientes periodos. Entre los escenarios que se revisan están el presupuesto y los correspondientes a las contingencias emergentes.

Es responsabilidad de los participantes de comité estudiar la información y tratar de resolver las discrepancias estableciendo acuerdos de manera bilateral con los otros participantes antes de la reunión del comité. La intención es que el máximo número de escenarios sean puestos en evidencia y resueltos anticipadamente para acelerar la sesión del comité y llegar a un acuerdo del plan de trabajo para el siguiente periodo de una manera expedita.

Por regla general la información que se anticipa no se refiere exclusivamente a al periodo siguiente: $(t+1)$ sino a varios más, 3, 6 o más periodos $(t+1, t+2,$ y $t+3$ ó ... $t+n)$ La información del periodo inmediato incumbe para la definición de los procesos operativos en el mismo, mientras que la de los demás periodos permite anticipar negociaciones con proveedores y asegurar las condiciones de la disponibilidad de materias primas y capacidades de suministro en maquilas y servicios.

Algunos de los puestos involucrados en esta actividad están relacionados con: Ventas, Planeación de la Demanda, Servicio al Cliente, Comercialización, Planeación de la Producción, entre otros.

3) Revisión del Suministro

La información del pronóstico, de las capacidades de la cadena de suministro y de los escenarios solo produce valor cuando se puede cuantificar el resultado de las alternativas de acción y se formulan juicios. Usualmente esta información permite anticipar el desempeño del sistema de suministro en términos de:

a. Establecer el plan de producción.
b. Revisar capacidades.
c. Establecer el nivel de servicio.
d. Definir y/o conocer el costo.
e. Definir el ciclo de gestión del suministro.
f. Conocer los picos de demanda esperados
g. Revisar proyectos de nuevos productos y ventas.
h. …

La herramienta puede ser una sencilla hoja de cálculo, o un complejo sistema de simulación u optimización. Usualmente contiene un modelo cuantitativo que representa las principales variables del negocio y su interrelación de tal manera que con la información alimentada anticipa los resultados del negocio. Nuevamente, las empresas enfrentan una gran diversidad de retos y las aproximaciones exitosas son cuando se ajustan a las condiciones particulares de cada empresa. La experiencia nos dicta que no existen modelos empacados que resuelvan la generalidad de las situaciones. Resultados normales se logran con soluciones estándares, resultados superiores solo con soluciones a la medida.

Algunos de los puestos involucrados en esta actividad están relacionados con: Compras, Planeación de Producción, Planeación de la Demanda, Transporte y Almacenes, entre otros.

4) Revisión de Distribución

Esta actividad debe ser realizada al siguiente día de la revisión del suministro y plantear un modelo de optimización entre el pronóstico y el suministro La aproximación adecuada para definir el modelo de optimización requiere identificar las fuentes de valor más significativas y las principales restricciones de las capacidades funcionales. Luego se relacionan con las variables controlables y las que se pronostican.

Algunas de las preguntas que se responden en esta actividad son:

¿Cuál es la capacidad de los almacenes para satisfacer la distribución? ¿A cuántos puntos, aproximadamente, se distribuyen los productos? ¿Qué porcentaje, aproximadamente, del país se está cubriendo con la distribución? ¿Qué dificultades hay para distribuir los productos en cada establecimiento? ¿Qué periodicidad promedio tiene el calendario de distribución a los establecimientos? ¿Hay capacidad suficiente para lograr que los productos se distribuyan de una manera oportuna y segura?

Algunos de los puestos involucrados en esta actividad están relacionados con: Planeación de Suministro y Demanda, Distribución, Transporte y Almacenes, Ventas, Logística, entre otros.

5) EBIT / PL (Earnings Before Interest and Taxes - Utilidad antes de impuestos e interés / P&L (Profit & Loss – Pérdidas y Ganancias)

El ejercicio de la Planeación Financiera se debe realizar el recibir el Plan de Demanda balanceado, utilizar esta información y simular el EBIT por el periodo comprendido de la Proyección. La integración de la planeación por unidad/volumen con la planeación financiera produce grandes beneficios enfocando las decisiones operativas en resultados, reduciendo el riesgo operativo y funcional. Los objetivos en esta sección del S&OP son:

a) Convertir las restricciones de capacidad e inventario en decisiones estratégicas de promoción y puntos de precio óptimo utilizando la elasticidad de precios.

b) Incorporar una perspectiva operativa y financiera por medio de modelación y construcción de escenarios.

c) Evaluar y ajustar continuamente los costos de oportunidad de volumen y rentabilidad en los productos, canales y geografías.

6) El S&OP Ejecutivo

El objetivo de esta actividad es evaluar el desempeño y los resultados para que sea la base de la planeación para proyecciones futuras válidas. Es la revisión ejecutiva del negocio, sus entradas de información, y cómo dirigirla para abordar los verdaderos asuntos de la empresa.

Debido a la naturaleza dinámica de los procesos de negocio resulta útil, para una revisión efectiva, que el reporte de resultados esté automatizado. La consolidación de la información de las operaciones y su comparación con lo planificado esté sobre un sistema de información que permita su consulta en línea de tal manera que el comité tenga información de referencia suficiente para analizar los resultados.

Esta actividad se sugiere realizarla una vez por mes. Dentro de las principales actividades están el análisis y resultados del Plan de Operaciones y Ventas. La revisión y seguimiento de la Estrategia, así como el estado de las Pérdidas y Ganancias (Profit & Loss)

III. Definir familias de productos para el inicio del proceso

La tarea de definir la familia de productos tiene que ver con el objetivo comercial e industrial de cada organización. Las "familias comerciales" son conjuntos de productos que presentan características similares desde la óptica comercial de Ventas y Mercadotecnia. Los productos de una determinada familia comercial se dirigen a un mismo segmento de mercado o suponen similares aplicaciones.

Por su parte, las "familias industriales" son grupos de productos que utilizan recursos industriales similares. En un determinado nivel de atracción esos productos comparten un mismo proceso productivo. Es muy probable que productos que provienen de una misma familia industrial puedan o no estar en una única familia comercial. De igual forma, productos en una misma familia comercial puedan pertenecer a distintas familias industriales.

Las familias comerciales son útiles en la construcción del plan de demanda y las familias industriales son de utilidad para planear la oferta. Las empresas deberían usar familias comerciales para pronosticar la demanda y un plan de ventas correspondiente con su satisfacción.

Una vez determinados estos requerimientos pueden ser traducidos en un plan de producción usando las familias industriales. Un elemento clave de estas agrupaciones – familias comerciales e industriales- es que proveen un esquema útil en la generación de reportes. Dado que los distintos niveles gerenciales requieren de niveles de detalles diferentes en sus informes, debería establecerse una jerarquía para el planteamiento que pudiera asimismo utilizarse para la información.

Es conveniente que las familias comerciales e industriales contengan productos o líneas de productos idénticas, pero esta condición no es rigurosa. Muchas compañías han desarrollado un nivel adicional denominando "Familias S&OP". Estas familias pueden servir como elemento de control a lo largo del proceso. En realidad, este tipo de agrupamiento es ideal para presentar los diversos indicadores de evaluación y desarrollo que la gerencia revisa en forma regular. Algunos de los indicadores habitualmente utilizados en las familias S&OP son:

- Nivel de servicio
- Pedidos pendientes – en unidades y en dinero
- Tiempo de entrega
- Precisión en el pronóstico de la demanda
- Índice de variabilidad
- Clasificación ABC
- Rotación del inventario

El orden jerárquico entre las distintas agrupaciones suele responder al siguiente esquema descendente:

- Total de la compañía
- Segmentos de negocio
- Familias comerciales
- Subfamilias
- Familias S&OP
- Familias industriales
- Líneas de productos
- Ítems de productos

Al final cada organización tendrá la decisión del diseño de su propia jerarquía y familia de productos, y cuáles deben formar parte del proceso del S&OP. No hay una regla definitiva.

IV. Establecer el horizonte de planeación táctico

El proceso de planeación táctico traduce las definiciones estratégicas en planes de acción acotando la operación en un horizonte determinado. La extensión del horizonte táctico depende de la capacidad de adaptación del negocio a las condiciones de su entorno.

Por ejemplo, si una empresa es intensiva en mano de obra y las condiciones contractuales limitan su capacidad para modificar la base contratada la planeación táctica no puede ser muy breve y se aproximará a los ciclos en que dicha base laboral pueda ser modificada. Sin embargo, si existiese flexibilidad para modificar el número de personal – digamos cada semana, tiene sentido hacer la planeación táctica en esos periodos y determinar la cantidad de recurso humano necesario para dichos periodos.

Es necesario conocer el negocio y su ritmo natural para definir la frecuencia del proceso de planeación. Hacerlo con mayor frecuencia a dicho paso lleva a reacciones excesivas que corrigen una a otra creando confusión y dificultándola gestión. Es análogo a una situación en la que se realizan órdenes de suministro cada día cuando el tiempo de respuesta es de 12 semanas, en poco tiempo se pierde la noción de lo que se está haciendo y hay más esfuerzos para balancear el inventario en tránsito que administrando la disponibilidad del producto en destino. En contrapartida, el tener ciclos de planeación que exceden la capacidad de reacción de los procesos de negocio equivale a dejar oportunidades de negocio sobre la mesa que en el mejor de los casos serán capitalizadas por iniciativas paralelas al del comité de planeación que se desacredita por su inacción.

Dicho de otra manera, el plan táctico traduce las definiciones estratégicas a las contingencias del negocio y actualiza de manera dinámica las metas operacionales para el día a día de la organización.

V. Definir el calendario para los momentos clave del proceso

Esta actividad tiene que ver con los dos niveles del S&OP: operativo y ejecutivo. El objetivo que se pretende es que los participantes lleven oportunidades y riesgos de sus operaciones y que éste sea el foro apropiado para discutir y tomar decisiones. Deben participar activamente en llevar opiniones a la mesa y no sólo ser simples espectadores de este proceso.

Las fechas de inicio y seguimiento serán establecidos por los participantes del S&OP Ejecutivo (ES&OP). Las reuniones suceden normalmente una vez por mes y únicamente asisten directores y facilitadores. Se revisan y se toman decisiones sobre temas estratégicos de mediano y largo plazo. Se toman decisiones que el grupo no haya podido tomar durante el proceso y es un foro para conectar la estrategia hacia la ejecución.

Los participantes del S&OP Operativo (WS&OP) se reúnen una vez por semana. A estas sesiones asisten facilitadores de S&OP y gerencia media. Se revisan temas operacionales y comerciales de corto plazo. Se proponen soluciones a problemas inmediatos y ajustes al control diario/semanal de actividades y es un foro para dar seguimiento a la ejecución del plan. En la figura 7.2 se muestra un ejemplo con fechas y actividades el proceso del S&OP.

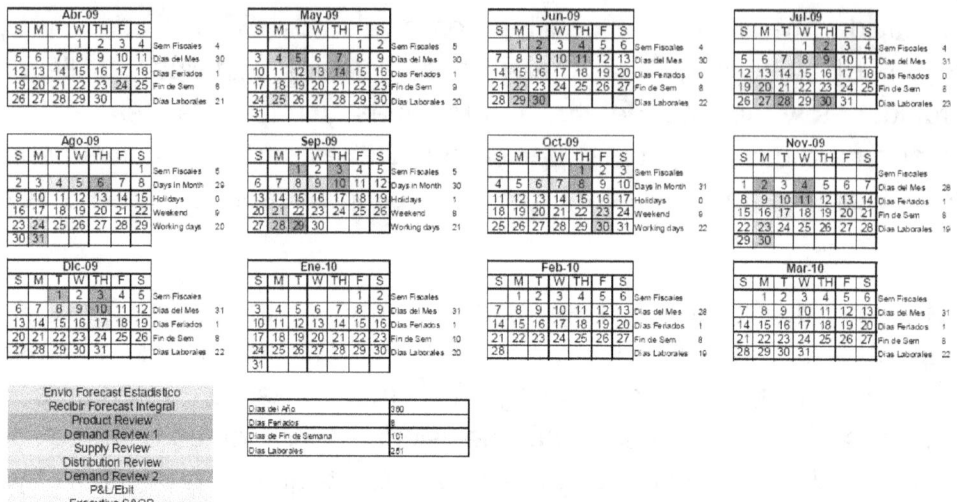

Figura 7.2. Ejemplo de un Calendario del S&OP

VI. Definir formatos de control e indicadores de medición

Un componente vital del sistema de planeación táctico es el tablero de indicadores. El enfoque integral permite identificar de manera particular, para cada área, los resultados que busquen optimizar los números de la organización. Esto obliga a superar el conflicto generalizado de los gerentes que se preocupan por optimizar sus resultados localmente, demostrando la excelencia de las prácticas en el área disciplinaria a su cargo, versus el lograr un resultado particular –comúnmente no el óptimo local, pero que es el de mayor significado desde un punto de vista integral.

Los gerentes de los procesos críticos participan en la planeación y pueden argumentar en base a las capacidades y restricciones propias, y convenir un cierto nivel de desempeño. En forma directa esto conforma sus metas operacionales para el siguiente ciclo táctico.

Los gerentes de procesos que no participan en la planeación táctica deben desarrollar a habilidad de interpretar los resultados de dicha planeación para establecer los objetivos de trabajo en su operación.

Todos los objetivos de los procesos participantes en la planeación táctica deben estar controlados por indicadores. El conjunto de éstos es el tablero de indicadores tácticos, documento que debe mantenerse actualizado con la máxima frecuencia y considerar datos de avance parcial y tendencias de proceso con objeto de facilitar la gestión de ellos. Dicho tablero debe estar visible para la organización y debe procurarse una cultura operativa de mantenerlo bajo observación.

El tablero táctico es una radiografía en tiempo real de la organización, debe considerarse que exhibe sus datos vitales y cualquier desviación debe generar una señal y una sensación de alerta que motive a la toma de análisis y decisiones correctivas inmediatas.

Independientemente de los objetivos sumarios que se derivan de la planeación táctica cada gerente pude contar con un sistema de objetivos e indicadores particulares de su proceso, que le permiten gestionarlo y mantener una capacidad operativa competitiva en el largo plazo. Sin embargo, estos indicadores no forman parte del tablero táctico. No obstante, conforman el tablero de indicadores operacionales y complementan la información necesaria para motivar las conductas adecuadas en cada disciplina de trabajo.

VII. Establecer la estructura de consenso

Como en todos los procesos de negocio, el éxito de ellos se basa en una parte técnica que reúne herramientas, equipos y procedimientos y en un componente humano que aporta emociones, madurez y voluntad para lograr las cosas. Esto último se pone de manifiesto en la capacidad del comité de asumir un consenso.

Cada una de las partes involucradas en el comité necesita de asumir como propias las decisiones tomadas, aún en perjuicio de sus metas particulares. Por ejemplo, el área comercial debe estar dispuesta a reducir su volumen de ventas del periodo siguiente para asegurar disponibilidad de suministro en un periodo posterior de mayor atractivo para el negocio; o el responsable de distribución debe asumir incrementar su costo de operación para lograr ciertas metas del negocio.

Constituye un gran dilema debido a que pueden resultar enfrentadas las necesidades tácticas con objetivos estratégicos, digamos metas de resultados anuales que pueden estar relacionados con la remuneración variable. El comité necesita sensibilidad en el impacto que tiene dichas necesidades y producir no solamente decisiones óptimas sino también soluciones factibles.

8. CONCLUSIONES GENERALES DEL MANUAL

El propósito de este manual, como lo describí en las primeras líneas, es que sea un documento de consulta, apoyo y capacitación. Además, a la fecha de esta publicación, las funciones y responsabilidades de un planeador son un punto neurálgico para cualquier organización, por todo lo que está sucediendo (y sucederá) en el mundo entero. Las empresas (o tu empresa) necesitan responsables de esa función con un perfil estratégico, analítico, estadístico, asertivo y conciliador. Nada sencillo de conseguir.

Por esa razón lo estructuré con el orden de temas que se describen en este manual. Además, estoy seguro de que podrás aprender y/o a fortalecer lo siguiente:

1. Gestionar, analizar e interpretar diferentes flujos de información, desde los datos de puntos de venta, Innovación & Desarrollo, Marketing y Trade Marketing, y otros departamentos que apoyen al área comercial.
2. Clasificar, y segmentar, tus productos y servicios con la metodología ABC-XYZ.
3. Generar y analizar los pronósticos necesarios por cualquier jerarquía para apoyar las decisiones de las áreas comerciales, compras, finanzas y operaciones.
4. Detectar y analizar las variables que afectan la demanda del mercado para realizar ajustes sobre la oferta y el volumen de ventas.

5. Realizar y ajustar los pronósticos en formatos semanales, mensuales, trimestrales, y anuales, de acuerdo con las necesidades tácticas y estratégicas de la compañía.
6. Con base en la historia de ventas, las variables del mercado y las estrategias de la compañía detectar las prioridades de los productos por medio al análisis de rentabilidad.
7. Generar un pronóstico colaborativo que facilite la relación entre Innovación & Desarrollo, Marketing, Comercial, Operaciones, Finanzas y la alineación entre los diferentes departamentos, para unir la "brecha" entre el pronóstico comercial y estadístico, el presupuesto y los objetivos de venta.
8. Definir los indicadores del Plan de Demanda y del S&OP.

Para ello, además te comparto el siguiente video de "Cómo hacer un Plan de Demanda Internacional" que podrás ver en la siguiente liga de YouTube https://www.youtube.com/watch?v=UvFLn6ucb6U

Como lo describí, uno de mis objetivos es que este manual te provea de las herramientas necesarias para generar tu propio Plan de Ventas y el Plan de Ventas y Operaciones (S&OP) y prepararte para la elaboración de un Plan Integrado del Negocio (IBP). Por ello, una herramienta adicional que te anexo es una guía para los diagramas SIPOC, útiles para documentar los Proveedores (Suppliers), Entradas (Inputs), Procesos (Process), Salidas (Outputs) y Clientes (Customers) en una operación. Este procedimiento lo podrás ver en la siguiente liga de YouTube https://youtu.be/QL_FmTgnoZ8

Por último, antes de iniciar la aventura de implementar un proyecto de Planeación de Demanda o de S&OP en tu organización, es necesario tomar en cuenta todas las consideraciones descritas en el capítulo 7 de este manual, así como aquellas que veas pertinentes. Recuerda que la forma de llevarlas a la práctica serán diferentes en cada organización.

Antes de finalizar esta versión del manual, te agradeceré infinitamente, y para mejorar las ediciones siguientes, que me ayudes a responder a las siguientes preguntas: ¿En qué te ayudó el manual? ¿qué harías diferente? ¿es una buena herramienta de consulta y capacitación? ¿Este documento, y los videos que te comparto son suficientes para los propósitos del manual? ¿Qué falta o que le agregarías?

Un fraternal abrazo

Tomás Gálvez

9. SOBRE EL AUTOR

Tomás Gálvez Martínez

Es director general de CELOGIS, empresa dedicada a la capacitación y consultoría en Planeación de Demanda, S&OP-IBP y fundador del Máster en Logística y Dirección de Operaciones de ENAE Business School de Murcia, España

Ha desarrollado proyectos de consultoría y capacitación para más de 400 empresas nacionales e internacionales y formado a más de 6000 ejecutivos.

Fue fundador del Centro de Logística y Comercio Internacional (CLCI) en el Tec de Monterrey y diseñador de cursos de Logística en la Maestría en Administración, en las carreras de Licenciatura, para la Universidad Virtual y para el Programa CAPS (Círculo de Actualización Profesional) de la misma institución.

Ex-Profesor de tiempo completo en el Tec de Monterrey, escritor de más de 20 artículos en el tema de pronósticos y planeación, y autor de este libro "El Manual de Pronósticos y Planeación"

Imparte conferencias en México, España, Centro y Sudamérica y es profesor invitado por Universidades Internacionales en el mismo tema. Posee un MBA, estudios de Maestría en Ingeniería Industrial (MSC) por el Tec de Monterey y es candidato a Doctor en Administración con el tema de Pronósticos y Planeación de Demanda.

10. BIBLIOGRAFÍA

John E. Hanke y Arthur G. Reitsch (2004) Pronósticos en los Negocios, 5ª edición, Editorial Prentice Hall, ISBN 968-880-681-1

Brown, R.G. (1956) "Exponential Smoothing for Predicting Demand," Décima Reunión Nacional de la Sociedad Norteamericana de Investigación de Operaciones, San Francisco, noviembre 16.

Fildes, R. y S. Howel, (1979) "On Selecting a Forecasting Model, in Forecasting (S. Makridakis y S.C. Wheelwrigth, eds.), TIMS Studies in the Management Sciences, vol. 12, Holanda del Norte, Amsterdam.

Mason, Lind y Marchal (2002) Estadística para Administración y Economía, 10ª edición, Editorial Alfaomega, ISBN 970-15-0623-4

Ronald H. Ballou (2004) Logística. Administración de la Cadena de Suministro, 5ª edición, Editorial Pearson Prentice Hall, ISBN 970-26-0540-7

Mason, Lind y Marchal (2002) Estadística para Administración y Economía, 10ª edición, Editorial Alfaomega, ISBN 970-15-0623-4

Ronald H. Ballou (2004) Logística. Administración de la Cadena de Suministro, 5ª edición, Editorial Pearson Prentice Hall, ISBN 970-26-0540-7

Bernhardt, H. (1989) La familia de matemáticos Bernoulli. Biografías de grandes matemáticos. H. Wussing & W. Arnold. Prensas Universitarias de Zaragoza, España.

Fildes, R. y S. Howel, (1979) "On Selecting a Forecasting Model, in Forecasting (S. Makridakis y S.C. Wheelwrigth, eds.), TIMS Studies in the Management Sciences, vol. 12, Holanda del Norte, Amsterdam.

John E. Hanke y Arthur G. Reitsch (2004) Pronósticos en los Negocios, 5ª edición, Editorial Prentice Hall, ISBN 968-880-681-1

Brown, R.G. (1956) "Exponential Smoothing for Predicting Demand," Décima Reunión Nacional de la Sociedad Norteamericana de Investigación de Operaciones, San Francisco, noviembre 16.

www.ingramcontent.com/pod-product-compliance
Lightning Source LLC
Chambersburg PA
CBHW060431220526
45465CB00008B/3088